Darius the Great

Jacob Abbott

大流士大帝

制度创新与波斯帝国统一

全景插图版

[美] 雅各布·阿伯特 著

赵秀兰 译

图书在版编目（CIP）数据

大流士大帝/（美）雅各布·阿伯特（Jacob Abbott）著；赵秀兰译.—北京：华文出版社，2018.1

（美国国家图书馆珍藏名传）

ISBN 978-7-5075-4780-1

Ⅰ.①大… Ⅱ.①雅… ②赵… Ⅲ.①大流士一世(前521-前486)—传记 Ⅳ.①K835.457=2

中国版本图书馆CIP数据核字(2017)第251283号

大流士大帝

作　　者：[美] 雅各布·阿伯特
译　　者：赵秀兰
选题策划：盛世肯堂
插图供应：029—89257605
责任编辑：胡慧华
出版发行：华文出版社
社　　址：北京市西城区广外大街305号8区2号楼
邮政编码：100055
网　　址：http://www.hwcbs.com.cn
电　　话：总编室010—58336239　发行部010—58336267
　　　　　责任编辑010—58336197
经　　销：新华书店
印　　刷：北京画中画印刷有限公司
开　　本：880×1230　1/32
印　　张：8
字　　数：180千字
版　　次：2018年3月第1版
印　　次：2018年3月第1次印刷
标准书号：ISBN 978-7-5075-4780-1
定　　价：42.00元

版权所有　侵权必究

出版说明

《美国国家图书馆珍藏名传》共22册，作者是美国著名历史学家、教育家雅各布·阿伯特。他以独特的视角研究公元前7世纪到公元18世纪2500年的世界史，最后写出了这套影响深远的人物传记。读者能通过阅读这些风云人物，更好地理解那段历史、那段时光，这是我们出版这套书的最大良善。为更好地使读者全面了解该丛书，现作如下说明：

一、关于版本。据不完全统计，这套丛书的英文版多达上百个。其中，以哈伯兄弟出版公司于1904年出版的版本最具代表性和权威性。本丛书正是根据该版翻译而成，以保证版本的质量。

二、关于插图。这些人物距现代已经很久远了。读者可能会问：他们长什么样子？穿什么衣服？仗是如何打的？外交是如何谈的……为了让读者更形象地了解当时的历史，我们精心为各书选配了约百幅插图。这些插图包括但不限于油画和版画。我们希望，通过品味插图的艺术之美，读者获得一种不是穿越胜似穿越的强烈体验，从而更好地对当时的风土人情有更直观的体察。

三、关于注释。为了确保内容的正确性、权威性,版权方进行了大量的考证工作。考证的结果以注释的形式体现。另外,内文中很多涉及地图的地方,我们尽量尊重作者尊重历史保存原貌,如有出入,请读者认真分辨。

四、关于译者。本丛书由多所大学的一线英语老师及教授翻译而成。各位老师治学严谨,文笔优美,为确保丛书的质量奉献良多。在此,深表敬意。

尽管出版前我们做了许多工作,但不足之处实难避免,欢迎读者朋友多提宝贵意见。

译者序

本书作者是雅各布·阿伯特(1803—1879),19世纪美国著名的历史学家,其代表作非美国国家图书馆珍藏名传丛书莫属。丛书脍炙人口,流传至今。《大流士大帝》是其中一册,首次出版于1850年。

《大流士大帝》以平实易懂的语言,讲述了波斯帝国第三代君主大流士一世的生平事迹。大流士不仅是波斯帝国的伟大君主,也是世界历史上的著名政治家之一。他自称"王中之王,诸国之王",被后人尊称为"铁血大帝"。

本书首先叙述了大流士登基之前波斯帝国的情况。波斯帝国的缔造者居鲁士之子冈比西斯远征埃及回国途中暴卒,波斯帝国陷入动乱。然后切入正题,详细地讲述了大流士与部分波斯贵族联合,杀死政变领袖穆护,登上王位的惊心动魄的过程。大流士继而创立行省,镇压各地起义,不到一年时间,使偌大的波斯帝国重归一统。踌躇满志的大流士对内镇压巴比伦、埃及等地的起义;对外将印度河流域纳入波斯版图,入侵希腊诸城邦,成为第一个向欧洲扩张的东方君主。

大流士是一位具有世界眼光的统治者。统治期间他着力于将他所征服的广大土地上各异的文化纳入一个有效运转的系统，同化被征服的各种文明。他所建立的具有开创性的制度，如行省制、军区制、货币税收制等，深刻地影响了后来的罗马帝国、阿拉伯帝国、奥斯曼帝国等世界性大帝国。他建立的发达的水陆交通制度，大大加强了古代诸文明之间的交流，使世界的联系更紧密。

除了大流士的这些丰功伟绩外，你可知道大流士是如何挥着马鞭登上王位的？可知道他是如何统治偌大的波斯帝国的？可知道他的士兵是如何渡过博斯普鲁斯海峡的？可知道他是如何为自己歌功颂德的？可知道波斯帝国在马拉松战役中失败的原因？

那么，就让我们穿越历史长河，一起见证大流士力挽狂澜，使分崩离析的波斯帝国重归一统；励精图治，使波斯帝国的版图扩大至亚、非、欧，从而影响世界历史的进程的伟大功绩吧。

赵秀兰
于西北师范大学外语学院

原 序

在创作这套历史主题的人物传记的过程中,在描述书中主人公的性格与行为时,我无意通过夸大他们的暴行或愤怒地揭露他们的错误来强烈地谴责他们。实际上,有些英雄和征服者在实现自己的野心时,在推行暴政时,在陷入绝望时,会不计后果,从而犯下滔天罪行,引来人们的强烈谴责。对这些人,我们不该吹毛求疵,他们之所以犯错,是因为他们遭遇了常人所没有遭遇过的诱惑,因此,我们吹毛求疵的苛责是有失公平的。另外,在讲述罪犯的罪行时,指责或谩骂并不能唤醒读者的良知的,因此,《圣经》中几乎找不到任何谴责罪犯的词语——《圣经》客观、公正、平实地记录下了大卫王的通奸与谋杀、押沙龙的大不敬与叛乱、希律王的暴政等罪行。因为这种叙述方式,虽然我们感受不到法利赛人对罪犯的怨愤,但是我们依然会谴责犯人犯下的罪行。

目 录

第一章　冈比西斯 ·· 001

居鲁士大帝——居鲁士大帝的扩张——冈比西斯与司美尔迪斯——希斯塔斯帕与大流士——居鲁士的怪梦——居鲁士的焦虑与担忧——冈比西斯登基——征讨埃及——根源——埃及医生——医生的复仇计划——居鲁士的要求——埃及法老的诡计——卡桑达妮的怨恨——冈比西斯的话——冈比西斯的性格——冲动的冈比西斯——为征讨埃及做准备——逃兵法涅斯——九死一生的法涅斯——法涅斯的情报——与阿拉伯人结盟——供水计划——大战——埃及人战败——冈比西斯惨无人道的行为——冈比西斯惩罚萨摩尼特斯——被俘的少女——年轻人——痛苦的场景——萨摩尼特斯的沉着——父亲的情感——他对情感的解释——冈比西斯的宽厚——侮辱雅赫摩斯的尸体——冈比西斯的渎神行为——神牛埃皮斯——冈比西斯刺死神牛——疯狂进军——沙暴——酒鬼冈比西斯——冈比西斯的残暴——他疯了

第二章　冈比西斯之死 ·· 031

冈比西斯的放纵——娶自己的姐妹为妻——波斯法官的意见——司美尔迪斯——冈比西斯的嫉妒——两个穆护——冈比西斯的猜忌——冈比西斯计划远

征埃塞俄比亚——象岛——伊克图欧法基人——出使埃塞俄比亚的使者——礼物——埃塞俄比亚国王识破骗局——埃塞俄比亚国王评价冈比西斯的礼物——埃塞俄比亚人的弓——使者返回——司美尔迪斯之死——冈比西斯更加残暴——十二位贵族被活埋——冈比西斯的姐姐——克罗伊斯的谏言——恼怒的冈比西斯——他想杀了克罗伊斯——神谕——埃克巴坦那、苏萨与巴比伦——冈比西斯挥师北上——进入叙利亚——司美尔迪斯继位——可能的解释——冈比西斯受伤——懊悔与绝望——冈比西斯的遗言——冈比西斯之死——人们不相信他的遗言

| 第三章 | 穆护司美尔迪斯 ················ 051 |

穆护司美尔迪斯篡位——有利条件——无人知晓王子司美尔迪斯被杀——人们认为他还活着——司美尔迪斯采取的措施——自作自受的冈比西斯——波斯人民默许司美尔迪斯登基——司美尔迪斯面临的危险——帕提兹特斯的安排——深居王宫的穆护司美尔迪斯——暴露的危险——冈比西斯的后宫——司美尔迪斯霸占了她们——帕蒂玛与父亲奥坦尼的交流——帕蒂玛发现了国王的身份——奥坦尼与六贵族——大流士到来——秘密商议——大流士的观点——争论——古巴鲁——普列克撒司佩斯的处境——篡位者的计划——普列克撒司佩斯的决定——他在塔上演讲——普列克撒司佩斯之死——预兆——激斗——司美尔迪斯逃跑了——大流士杀死了司美尔迪斯

| 第四章 | 大流士登基 ················ 069 |

苏萨城的狂欢——王位空悬——七人统摄国政——国不可一日无君——奥坦尼主张建立共和制——麦加比苏建议寡头政治——大流士提倡君主制——四人赞同大流士的主张——奥塔尼退出——其余六人达成共识——确定国王的奇特方式——大流士的马夫沃比思——沃比思的方法——故事的真假——骑在马

背上的雕像——因塔弗尼兹——他觐见大流士被阻——因塔弗尼兹的做法——大流士的不安——因塔弗尼兹被捕——因塔弗尼兹的妻子——她的奇怪决定——因塔弗尼兹被杀

第五章 | 行省 ………………………………… 083

大流士的行省制——白马骑兵队——总督的任务——半自治的行省——大流士的统治方式——总督欧瑞特斯——欧瑞特斯与麦特洛巴特的谈话——波利克拉特——雅赫摩斯的来信——雅赫摩斯的建议——波利克拉特扔掉了自己的戒指——奇迹般地重获戒指——雅赫摩斯的预言——预言成真——欧瑞特斯的来信——欧瑞特斯的阴谋诡计——波利克拉特的女儿——波利克拉特之死——作恶多端的欧瑞特斯——欧瑞特斯杀死了大流士的使者——愤怒的大流士——大流士的计划——巴格斯——巴格斯的计划——终遭报应的欧瑞特斯

第六章 | 勘察希腊 ………………………………… 099

大流士的功绩——马拉松和滑铁卢——大流士的探险队——向导迪莫塞迪斯——离家出走的迪莫塞迪斯——埃伊纳岛的医生迪莫塞迪斯——在雅典服务于波利克拉特——被俘的迪莫塞迪斯——迪莫塞迪斯被押到苏萨城——迪莫塞迪斯的思考——大流士受伤——御医束手无策——迪莫塞迪斯被提起——迪莫塞迪斯被带到大流士面前——治疗方式——大流士康复——黄金镣铐——大流士的感谢方式——迪莫塞迪斯的话——大流士命人解除迪莫塞迪斯的镣铐——不同——大流士的王后阿托莎生病了——阿托莎请迪莫塞迪斯诊治——迪莫塞迪斯的条件——阿托莎与大流士——阿托莎的建议——探险队——向导迪莫塞迪斯——大流士的试探——迪莫塞迪斯的应对——出发——西顿城——海路——勘察希腊沿海——抵达塔伦特姆——波斯人被抓——迪莫塞迪斯脱身——波斯人被释放——波斯人在克罗托纳——波斯人返航——返航的遭遇——塞勒斯——终于活着回到波斯了——大流士对情报的重视

第七章 ｜ 平定巴比伦城的叛乱 ……………… 125

巴比伦城——巴比伦叛乱——骡子生下小马驹——佐皮洛斯——佐皮洛斯与大流士的对话——苦肉计——佐皮洛斯进入巴比伦城——三战三捷——佐皮洛斯镇守巴比伦城的某个城门——一将功成万骨枯——帝王眼中的人命——巴比伦城的陷落——大流士对巴比伦的惩罚——佐皮洛斯的耳朵

第八章 ｜ 远征西徐亚 ……………………… 139

大流士决定远征西徐亚人——阿塔巴鲁斯的谏言——大流士一意孤行——大流士命使者传令各行省——浮桥——远征军的兵员来源——奥巴祖斯的故事——大流士率军穿过小亚细亚——纪念碑——抵达博斯普鲁斯海峡——大流士对芒德洛克列斯的奖赏——浮雕——库阿尼恩群岛——大流士看到的壮观景象——两座纪念碑——铭文——大流士的计划——海军的任务——希腊人的军事天赋——海军出发——陆军出发——喷泉与小溪——色雷斯人的故事——石头堆——抵达多瑙河——大军顺利过河——大流士拆掉浮桥的命令——希腊将领的建议——浮桥被保留下来——守卫浮桥的爱奥尼亚人——派卫兵保护它——计算日子奇怪的方式——用这种方式的可能原因——大流士的自信

第九章 ｜ 西徐亚大撤退 ……………………… 155

西徐亚人得到了大流士率军前来的消息——他们开始寻找盟友——唇亡齿寒——游牧民族西徐亚人——他们的战争方式——坚壁清野——袭扰战术——一无所获的大流士——大流士给英达塞苏斯的战书——英达塞苏斯的答复——西徐亚人的骑兵——驴子——来到多瑙河的西徐亚分队——西徐亚人和爱奥尼亚人的协议——西徐亚人改变战略——西徐亚人的奇怪礼物——大流士的理解——大流士麾下众人的理解——西徐亚人准备决战——一只野兔引发的混乱——波斯大军的困境——秘密撤退的准备——大流士率军秘密撤离——投降

的波斯人——西徐亚人开始追击——多瑙河边的爱奥尼亚人——假装拆除浮桥——逃过一劫的大流士与波斯大军——大嗓门的作用——失败者大流士率军渡过多瑙河——远征结束

第十章　希斯提艾奥斯的故事 ……………………… 175

爱奥尼亚人的首领希斯提艾奥斯——大流士的焦虑——大流士表达感谢的方式——大流士的承诺——回到萨迪斯——希斯提艾奥斯的请求——殖民——帕昂人的故事——帕昂少女——大流士的决定——帕昂人被灭族——麦加比苏的发现——麦加比苏的建议——大流士的做法——阿塔弗尼斯——纳克索斯岛——内战与外敌的征服——阿里斯塔格拉斯的计划——阿塔弗尼斯的做法——远征军出发——令出多门的大忌——两个舰队统帅的矛盾——从中作梗的麦加巴特——远征失败——几乎倾家荡产的阿里斯塔格拉斯——准备起义的阿里斯塔格拉斯——希斯提艾奥斯的密信——希斯提艾奥斯在苏萨城的情况——米利都起义——起义失败——希斯提艾奥斯之死

第十一章　马拉松之战 ……………………………… 197

大战役——马拉松——大流士的愤怒——希波战争战前的情况——雅典的僭主希腊的内战——大流士发兵——雅典的应对——时间紧急——卡利马什召开军事会议——关键的一票——米提亚德的话——下定决心的卡利马什——波斯军的情况——波斯步兵——波斯人的武器装备——波斯人的战术——波斯人的弓箭——波斯的骑兵——雅典和希腊的情况——雅典的重装步兵——雅典人的武器装备——交战双方武器装备的对比——雅典的战术——希腊方阵——训练有素的雅典士兵——双方的战术对比——雅典人的统帅米提亚德——米提亚德的计划——普拉提亚的援军——冲锋的雅典士兵——轻敌的波斯步兵——激战——勇敢的波斯骑兵——败局已定的波斯人——撤退的波斯人——宜将剩勇追穷寇——英雄冢——传令兵费里皮德斯——姗姗来迟的斯巴达援军——雅典人感谢雪中送炭的普拉提亚人——成为希腊精神支柱的马拉松——拜伦的诗

第十二章 | 大流士之死 ································ 225

　　撤退的波斯人——严阵以待的希腊人——回到波斯的达蒂斯——告一段落的希波战争——马拉松之战的英雄的米提亚德——米提亚德的野心——米提亚德进攻帕罗斯岛——惨败的米提亚德——米提亚德失败的原因——震惊的雅典——愤怒的雅典人——米提亚德的凄惨结局——高昂的罚金——战胜的责任——米提亚德唯一的慰藉——大流士的马拉松，拿破仑的滑铁卢——大流士准备再征希腊——大流士决定御驾亲征——征召大军——指定王位继承人——阿托巴赞和薛西斯——阿托巴赞的理由——薛西斯的理由——继承外祖父国家的传统——薛西斯高贵的血统——大流士决定由薛西斯继承自己的王位——出征——意气风发的大流士——大流士驾崩——薛西斯即位——子承父业——影响人类历史的军事行动——伟大的大流士——大流士的战马

附　录 | 专有名词汉英对照 ································ 237

第一章

冈比西斯

精彩看点

居鲁士大帝——居鲁士大帝的扩张——冈比西斯与司美尔迪斯——希斯塔斯帕与大流士——居鲁士的怪梦——居鲁士的焦虑与担忧——冈比西斯登基——征讨埃及——根源——埃及医生——医生的复仇计划——居鲁士的要求——埃及法老的诡计——卡桑达妮的怨恨——冈比西斯的话——冈比西斯的性格——冲动的冈比西斯——为征讨埃及做准备——逃兵法涅斯——九死一生的法涅斯——法涅斯的情报——与阿拉伯人结盟——供水计划——大战——埃及人战败——冈比西斯惨无人道的行为——冈比西斯惩罚萨摩尼特斯——被俘的少女——年轻人——痛苦的场景——萨摩尼特斯的沉着——父亲的情感——他对情感的解释——冈比西斯的宽厚——侮辱雅赫摩斯的尸体——冈比西斯的渎神行为——神牛埃皮斯——冈比西斯刺死神牛——疯狂进军——沙暴——酒鬼冈比西斯——冈比西斯的残暴——他疯了

第一章 冈比西斯

公元前6世纪左右，一个庞大的帝国几乎统一了亚洲西部。这个帝国的缔造者是居鲁士大帝，因为他是波斯人，所以他的帝国就以"波斯"命名，称"波斯帝国"。

虽然居鲁士已经征服了西亚多数的文明国家，但是他依然不满足，晚年的时候，居鲁士想通过征服阿拉斯河以北的一些半野蛮地区，开拓出更广袤的疆域，建立起更加不朽的功业。因此，他组织起了一支大军，出兵征讨了一个由蛮族女王托米丽斯统治的国家。在这场征途中，御驾亲征的居鲁士遭遇了各种危险，因为《居鲁士大帝》一书详细记载了这些事情，所以我也就不再赘述了。不过，我觉得，有一件事，我很有必要再次提及，即居鲁士刚刚渡过阿拉斯河的那个夜晚所做的一个怪梦。在梦中，居鲁士看到，站在亚欧两洲边界上的大流士长出了巨大的双翼，当他的双翼向两边伸展时，巨大的翅膀遮蔽了整个世界。大流士是居鲁士宫廷中的一位军事贵族希斯塔斯帕的儿子，当时，二十几岁的他并没有随军出征，而是留在了波斯的首都。

为了解释这个梦，我们不得不说一下居鲁士的两个儿子：冈比西斯和司美尔迪斯。当时，虽然居鲁士已经决定御驾亲征了，但是，在出征前，他似乎有了一种不祥的预感。因此，为了确保国家的稳定，为了确保王位的顺利传承，他命他的两个儿子留守国都。后来，当他率军行进到阿拉斯河时，渡河之前，他更是传旨，把波斯帝国的大权交到了他的儿子冈比西斯的手中，命他摄政监国。我想，当时，身为父亲的居鲁士所想的一定是如何让他的儿子顺利继位，并且帮他解决掉可能出现的困难吧。而这，很有可能就是那个怪梦的根源。

醒来之后，居鲁士觉得这是个不祥之兆，这个梦预示着大流士将会在未来统治整个世界，而在此之前，大流士可能会篡夺他的国家。后来，居鲁士更是进一步怀疑：或许，此时的大流士已经有了野心，正准备阴谋篡位吧。于是，居鲁士立刻命人叫来了大流士那随军出征的父亲希斯塔斯帕，当希斯塔斯帕来到居鲁士的营帐时，

居鲁士大帝的画像，根据一块浮雕创作而来

大流士大帝的浮雕,位于波斯古都波斯波利斯

居鲁士说道:"我命你立刻赶回波斯,并在我班师之前,严密监视大流士的行为。"于是,接受命令的希斯塔斯帕便返回了波斯首都,而做出应对措施的居鲁士也不再忧心忡忡了。

最终,继续前进的居鲁士战死疆场,再也没有回到波斯,而他的那个怪梦虽然变成了现实——即大流士最终统治了欧亚大陆的广袤土地,但是,在他死后的那段时间里,大流士并没有篡夺王位的想法。因此,当居鲁士的死讯传到首都时,冈比西斯顺利继承了王位。

冈比西斯统治时期的一件大事,就是向埃及发动战争,这次战争的根源却非常奇怪:

或许是因为土壤或气候的原因,总之埃及的环境容易使人的眼睛发炎,埃及人便饱受眼疾的困扰。当外国的军队进入埃及时,军中的士兵也会受到当地环境的影响,而因为眼睛发炎,成千上万的外国士兵失去了战斗力,有些人更因为治疗不及时而失明。

在古代,人们相信,如果某个国家或地区经常爆发某种疾病的话,那么这个国家或地区一定有最擅长治疗这种疾病的医生。因此,如果有人得了眼疾的话,如果这个人的条件允许的话,他一定会派人去埃及一趟,专门请一个埃及的医生来治疗他的眼疾。

有一次，居鲁士也得了眼疾，于是，他派使者前往埃及，请当时的埃及法老雅赫摩斯派医生来为他治疗。与当时拥有绝对统治权的其他统治者一样，雅赫摩斯也把他的臣民视为完全任其支配的奴隶，于是，雅赫摩斯从宫廷中选出一个出色的医生，准备派他去波斯。虽然这个医生并不愿意接这个任务，因为他不想与家人分开，但是君命难违，所以，心生怨恨的他决定设计报复埃及法老。

居鲁士热情款待了这位医生，因为高明的医术，他取得了居鲁士的信任，成为了能够影响到他的人之一。后来，这个医生想到了一个报复埃及法老雅赫摩斯的办法。雅赫摩斯有个貌美如花的女儿，他非常疼爱这个女儿，因此，这个医生便建议居鲁士派使者去埃及求亲，让雅赫摩斯把他的女儿嫁过来。因为居鲁士早有家室，所以如果雅赫摩斯同意把女儿嫁给居鲁士的话，那么他的女儿只能做一个妃子，屈居人下。同时，这个医生更清楚，因为波斯的强大，雅赫摩斯肯定不敢拒绝居鲁士。这样一来，这位既不愿意嫁女儿、又不敢拒绝的埃及法老便会陷入两难的境地。这便是这个医生想出来的办法，他准备借居鲁士之手来惩罚雅赫摩斯。

对于医生的建议，居鲁士非常满意，因此，他便派

埃及法老雅赫摩斯的头部雕像。现藏于美国巴尔的摩美术馆

使臣前往埃及求婚。不出医生所料，法老难以忍受与女儿的分离之苦，却又不敢得罪居鲁士，不敢明目张胆地拒绝。最后，他想出了这么一个办法：

当时，埃及还有一位年轻貌美的公主奈特提斯，而她的父亲阿普瑞斯则是之前的一位埃及法老。后来，雅赫摩斯杀掉了阿普瑞斯，夺取了埃及法老之位，而奈特提斯也成了俘虏。奈特提斯长得也非常漂亮，因此，雅赫摩斯计划让奈特提斯假扮成他的女儿，然后把奈特提斯送到波斯，嫁给居鲁士。送走奈特提斯之前，他还专门赐给了他许多价值不菲的华美衣服，送给了她很多礼物，还派了很多人服侍她。之后，奈特提斯便被送到了波斯。

虽然居鲁士非常宠爱这个新来的妃子，但是，他的王后卡桑达妮却非常嫉妒奈特提斯，而因为卡桑达妮的缘故，她和居鲁士的两个儿子冈比西斯和司美尔迪斯也开始痛恨奈特提斯。

某一日，一位波斯贵妇来到王宫求见王后，当她看到卡桑达妮那两个身材颀长、英俊潇洒的儿子时，便羡慕地说："王后娘娘，您真幸福！"但是卡桑达妮却说："不，恰恰相反，我很痛苦，虽然我是这两个孩子的母亲，但是国王却无视我的存在，现在，他全部的心思都在那个埃及女人身上。"听到这番话后,冈比西斯立刻开口说道:"母亲,别担心,我会为你报仇的,继承王位之后,我便会灭了埃及的。"

在冈比西斯看来,他即位后,埃及将是他征讨的第一个国家。虽然居鲁士被来自埃及的奈特提斯迷住了,但是,他更恼怒于埃及法老的欺骗行为,因此,他也在一定程度上影响到了冈比西斯,让他产生了征讨埃及的想法。另外,当时的波斯已经征服了西亚几乎所有的文明国家,因此,如果居鲁士想要继续扩大波斯的版图的

冈比西斯的头像

话,他只能将目光投注到欧洲和非洲,而埃及便是距波斯最近、也最容易攻打的国家。因此,虽然居鲁士年事已高,而且也没有做好征服埃及的准备,但是他还是很乐意看到他的儿子有此远大抱负的。

冈比西斯是个热情、冲动和任性的男孩,在他父亲的耳濡目染下,他继承了他父亲的野心,但是,他又特别任性,不愿受到束缚。长大之后,他变得目中无人起来,不仅鲁莽,而且残忍。一般来说,开国之君因为戎马一生的拼搏,性格会变得越来越糟糕,但是,他仍然懂得自我节制;可是,继承了他王位的后代却很难继承他的品质。纵观历史,居鲁士和冈比西斯可以说是这种情况的典型:居鲁士一生谨慎、持重、睿智、慷慨、宽容,而长大成人的冈比西斯却任性、浮躁、无法无天。

居鲁士阵亡后,刚刚继位的冈比西斯便开始为征讨埃及做准备。首先,冈比西斯需要决定用什么样的方式把他的大军运送到埃及。埃及非常像一个狭长的"峡谷",它的一边是布满沙漠和山岩的阿拉伯[①]半岛,一边是广阔的撒哈拉沙漠。因此,海路是通往埃及的便捷

---

① "阿拉伯"这个名词最早出现于公元9世纪,因此,在居鲁士、大流士时代,阿拉伯半岛的名称必然不是阿拉伯半岛。作者在此是以后世名称来指代当时的地理位置。——译者注

第一章 冈比西斯

途径,但是,冈比西斯手中并没有一支强大的海军。

正当冈比西斯筹划这件事时,雅赫摩斯军队中的一个逃兵,从埃及来到了波斯的首都苏萨城——当时,冈比西斯就住在苏萨城。这个逃兵名叫法涅斯,是个希腊人,而且还是雅赫摩斯雇佣的希腊雇佣军的将领。后来,因为他与雅赫摩斯不和,于是,双方大吵一架之后,他便逃出了埃及,逃到了波斯。为了报复埃及法老,他决

苏萨城位于今伊朗的西部。图为二十世纪初绘制的苏萨城的遗址

定加入冈比西斯正在筹建的海军。

首先，法涅斯讲述了他是如何九死一生地逃出埃及的：雅赫摩斯听说我逃跑之后，便立刻派遣了一艘航速最快的三列桨战舰追捕我，那些人穷追不舍，并在小亚细亚，也就是我登陆的地方追上了我。抓到我之后，领队的埃及将领立刻派一些人把我看押了起来，接着，他们便开始准备返航的事情。被看押时，我首先以非常理解看守士兵的语气与他们交谈，博得了他们的同情，取得了他们的信任；然后，我找个机会请他们喝酒；最后，在灌醉了那些看押的士兵之后，我立刻逃脱了牢笼。接着，我一路潜行，小心翼翼地躲避着士兵的搜捕，终于成功地逃到了您所在的苏萨城。

接着，法涅斯向冈比西斯提供了大量的重要情报，这些情报包括埃及的地理环境以及哪些地方适合选为进攻点，埃及法老的性格特点以及如何利用这些情况来安排作战等情况。之后，法涅斯又建议道："冈比西斯陛下，我建议您通过阿拉伯半岛，由陆路进入埃及，同时，为了保障陆路安全，我建议您派使者去见阿拉伯酋长[②]，

[②] 作者此处还是以后世名词来代指当时的事物，阿拉伯酋长更准确的说法应该是闪米特人的部落首领。——译者注

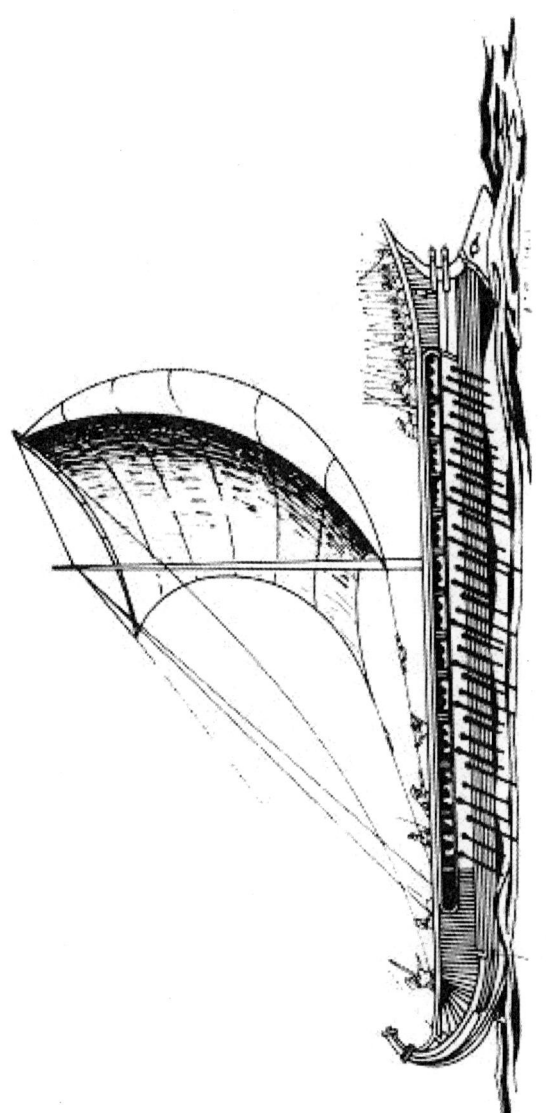

公元前的三列桨战舰

与他们商量借道行军一事，而您开出的条件不过是在他们需要的时候提供一些帮助而已。"冈比西斯接受了他的建议，阿拉伯人[③]也非常愿意加入征讨埃及的行动之中，于是，他们与冈比西斯的使者结盟了——他们以最庄严的仪式订立了盟约。

冈比西斯的盟友不仅为冈比西斯的军队开辟了一条自由通道，还给波斯大军提供了如下帮助：穿越沙漠的过程中，大军面临的最大问题便是缺水，而为了解决这个难题，冈比西斯的盟友们首先准备了很多装满淡水的大革囊，然后，为了将这些革囊运输到合适的地方，他们又组建了很多驼队，最后，在冈比西斯的大军到来之前，他们便命人带着这些驼队进入了沙漠，把革囊放置在早已约定好的地方。

通过这种方式，在获得了充足的淡水之后，冈比西斯的大军安全、顺利地通过了沙漠，来到了埃及边境。然而，此时冈比西斯却发现雅赫摩斯已经驾崩，他的儿子萨摩尼特斯继承了法老之位。而萨摩尼特斯在得知冈比西斯陈兵边境之后，便率军迎敌，与波斯人进行了一场恶战。不过，战争的最终结果却是埃及大败，既不甘

[③] 当时应该称之为闪米特人，阿拉伯人是后来出现的称呼。——译者注

冈比西斯征伐埃及，波斯士兵使用猫攻击埃及军队。保罗·玛丽·勒努瓦（1843—1881）绘于1872年

又愤怒的萨摩尼特斯不得不率领残兵走水路,从尼罗河上逃到了孟斐斯。

实际上,此时的冈比西斯已经失去了向埃及发动战争的理由,因为欺骗了他父亲的埃及法老已死,他没有任何理由怨恨埃及法老的儿子或埃及人民。而另一方面,萨摩尼特斯决定给入侵的波斯人一点颜色看看。不久之后,埃及人俘虏了波斯人的一艘战舰,愤怒的埃及人直接杀掉了战舰上的200个船员。这件事激怒了冈比西斯,于是,战火再起。

事实上,在征讨埃及的战争中,因为冈比西斯惨无人道、不计后果的愚蠢行为,人们都认为他已经疯了。虽然在战争开始的时候,他还有所节制,但是,到后来,他已经变得极端残暴了。

最终,战败的萨摩尼特斯及其家人都被冈比西斯俘虏了,几天后,冈比西斯就特意让亡国的萨摩尼特斯看到了下面的凄惨情况。

当时,萨摩尼特斯心爱的女儿穿着奴隶的衣服,与一群萨摩尼特斯宫中的贵族,还有其他显贵的女眷们走在一起,她们要带着沉重的罐子去河边汲水。而萨摩尼特斯与那些显贵则被带了出来,残暴的冈比西斯强迫他们眼睁睁地看着他们那被贬为奴的女儿如何痛苦地生

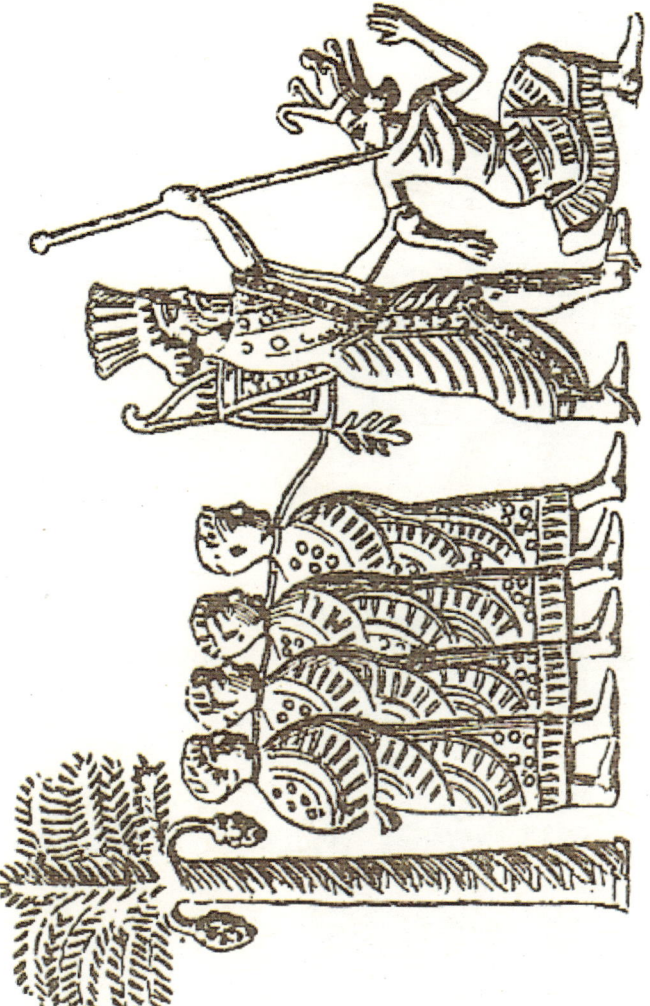

冈比西斯俘虏埃及法老萨摩尼特斯

冈比西斯强迫萨摩尼特斯心爱的女儿,显贵的女眷们穿着奴隶的衣服走在一起。阿德里安·吉涅绘于1854年

活。这些少女一边走,一边抽噎,而她们的父亲也非常痛苦。冈比西斯微笑着看着这一幕,似乎非常享受的样子。但是,萨摩尼特斯却似乎无动于衷,只是安静地、一动不动地看着眼前的情景,脸上并无痛苦的表情,好像处于一种麻木、绝望的状态。看到萨摩尼特斯的样子,冈比西斯有点失望,因为他发现他的手下败将并没有感到不堪忍受的刺痛,所以他也变得怏怏不乐了。

少女队伍走过后,又来了支队伍,这是一群年轻人,他们脖子上套着绳索,即将被拉去刑场行刑。冈比西斯已经下令了,为了替被埃及人杀死的200名船员报仇,他要杀死2000个埃及人——这2000人大多来自之前埃及的显赫家庭,而最前方的那个人便是萨摩尼特斯的儿子。

刚才,那些人刚刚看到自己的女儿变成了奴隶,不得不从事一些苦力劳动;现在,他们又看到自己的儿子排着长长的队伍,即将被押到刑场。看到这一幕后,才经过痛苦的父亲们放声大哭。但是,萨摩尼特斯依然安静地一动不动,面部表情像之前一样空洞。冈比西斯再次失望了,他这么做的主要目的就是为了折磨他的俘虏,而现在,他最重要的俘虏萨摩尼特斯却没有表现出他所希望的痛苦表情。

这群俘虏走过之后，又有一群悲惨的人迎面走来——一座城池被攻陷后，这样人的总是不计其数。这群人中有个弱不禁风的人，萨摩尼特斯认出了他，这是他的一个朋友。他清楚地记得，在此之前，他这个朋友身居高位，拥有大量财富，经常出入宫廷，出席他举办的宴席。但是，现在他却发现，他的这个朋友此时正陷入非常悲惨的境地，为了充饥，居然在哀求人们施舍一点儿食物。这个人的悲惨情形似乎把萨摩尼特斯从空洞的绝望中唤醒了，他痛苦地呼喊着朋友的名字，泪如雨下。

看到这种情形后，冈比西斯派人去问萨摩尼特斯："当你看到自己的女儿像奴隶一样干活时，当你看到自己的儿子被拉去处死时，你为何无动于衷？当你看到一个不幸的陌生人时，你为何又痛哭流涕？" 其实，任何有同情心的人都能理解萨摩尼特斯，但是，冈比西斯却毫无同情心。萨摩尼特斯的回答如下："看到我的孩子们时，我太过伤心了，悲痛到了极点之后，流不流泪都无所谓了；而当我看到我朋友的惨状时，我便情不自禁地落泪了。"

听到这些话之后，冈比西斯周围的波斯人都非常同情不幸的萨摩尼特斯，于是，他们纷纷为他求情，求冈比西斯饶过萨摩尼特斯的儿子。读过《居鲁士大帝》的

萨摩尼特斯的头部雕像。现藏于法国卢浮宫

读者都知道克罗伊斯，也就是那个被俘的吕底亚国王。在死前，居鲁士曾命冈比西斯照顾克罗伊斯，因此，冈比西斯远征埃及时，克罗伊斯也跟着到埃及了。此时，他也开口为萨摩尼特斯求情了。最终，在众人的真诚求情下，冈比西斯同意了他们的请求，派人去制止行刑，救下萨摩尼特斯的儿子。但是，冈比西斯的使者晚了一步——当那个使者赶到时，那个不幸的王子已经被处死了。最终，获得满足的冈比西斯便没有再为难过萨摩尼特斯，也没有再伤害他的家人。

在沿尼罗河逆流而上的过程中，冈比西斯纵容大军肆意劫掠。最后，当他找到雅赫摩斯的坟墓后，便命人挖开了他的坟墓，在命人从石棺中拉出了他的遗体后，冈比西斯更是丧心病狂的命人鞭尸。鞭尸之后，冈比西斯又命人将之挫骨扬灰。

占领埃及后，冈比西斯还利用各种机会侮辱埃及人的宗教信仰。他经常带兵闯入埃及人的神庙，肆意破坏神庙中的圣物。在埃及人的宗教圣物中，有头名为"埃皮斯"的神牛——神牛生活在一座豪华的神庙里，那里的人为了供养它，专门制作了一些黄金器皿。后来，当冈比西斯率军抵达神牛所在的城市时，当地祭司们正在欢庆某个神圣的节日。当时，冈比西斯已经陷入不利的

吕底亚最后一位国王克罗伊斯。克劳德·维尼翁（1593—1670）绘于1629年

埃及人的宗教圣物"埃皮斯"神牛,出自近代印刷品

第一章 冈比西斯

境地之中了，因此，踏进这座城市时，他正处于一种愤怒的状态，而埃及人的欢乐庆典深深地刺激了他。于是，他杀死了主持庆典的祭司，还让人带他去神庙中看看那头神牛。到达神庙后，他先是出言不逊，嘲讽、侮辱待在神庙的信徒，接着，他又命人杀死了那头神牛。

冈比西斯的行为既让埃及人恐惧，又让埃及人愤怒，所有的埃及人都认为，残暴而又渎神的冈比西斯迟早要遭天谴。

待在埃及时，冈比西斯还疯狂地进攻埃及周边的国家。由于使者从埃塞俄比亚带来的答复不能使他满意，于是他怒而兴兵，在毫无准备的情况下，便率军征讨埃塞俄比亚。因为准备不足，他的大军刚刚行进了不足五分之一的路程之后，军中的粮草便耗尽了。但是他依然固执地进军，不得已，士兵们只好在行军途中挖野菜充饥，后来，在找不到野菜的情况下，士兵们便开始杀自己的坐骑。最后，实在饿得不行时，他的军中开始出现人吃人的情况。在这种情况下，冈比西斯不得不撤军了。

还有一次，他突然命一支军队穿过沙漠，去寻找沙漠中的阿蒙神庙，并且命他们立刻出发，而当时这支军队什么都还没有准备呢。后来，人们再也没有得到过这支军队的音讯了，据说，在沙漠中行进时，他们遇到了沙暴，最终全军覆没了。

普列克撒司佩斯是冈比西斯的发小，是他最信赖的朋友，当时，他正充当冈比西斯的亲卫。而他的儿子也是一个英俊潇洒、风度翩翩的美少年，因此，冈比西斯便给了他的儿子一个非常重要的职位——这个职位的具体工作就是给冈比西斯斟酒，要想做好这件事情，心思一定要缜密，考虑一定要周到。

某天，冈比西斯问道："普列克撒司佩斯，外面那些波斯人都是怎么评价我的呢？"普列克撒司佩斯回答道："他们都在称赞您，称赞您的各个方面，不过，有一点例外。"冈比西斯就问例外的一点是什么。普列克撒司佩斯说道："他们都说您太爱喝酒了。"这个回答冒犯了冈比西斯，于是，冲动的冈比西斯决定惩罚普列克撒司佩斯——一般情况下，冲动的人常常会迁怒他人，而冲动的君主常常会惩罚那些说了逆耳忠言的人。他命令普列克撒司佩斯那个负责给他斟酒的儿子靠着房间另一头的墙站立，然后，他拿起了弓箭，并把箭搭在弦上。他说道："现在，我就来检验一下那些人说的话。如果我的箭没有射中他的心脏的话，那么他们说的就是对的，而如果我的箭正中他的心脏的话，那么那些人就全部是错的，我还没有因为喝酒而拉不动弓、射不准

十九世纪的一幅雕版画,消失的军团

箭。"说完,他拉满了弓,射出了箭,箭矢正中那个可怜孩子的胸膛。看到那个孩子倒下之后,冈比西斯仍不满足,他冷冷地对一个侍卫说道:"去,剖开那人的胸膛,让普列克撒司佩斯看一看,看看我的箭是不是射穿了他的心脏。"

以上这些残暴的行为,都说明冈比西斯疯了。

冈比西斯之死

精彩看点

冈比西斯的放纵——娶自己的姐妹为妻——波斯法官的意见——司美尔迪斯——冈比西斯的嫉妒——两个穆护——冈比西斯的猜忌——冈比西斯计划远征埃塞俄比亚——象岛——伊克图欧法基人——出使埃塞俄比亚的使者——礼物——埃塞俄比亚国王识破骗局——埃塞俄比亚国王评价冈比西斯的礼物——埃塞俄比亚人的弓——使者返回——司美尔迪斯之死——冈比西斯更加残暴——十二位贵族被活埋——冈比西斯的姐姐——克罗伊斯的谏言——恼怒的冈比西斯——他想杀了克罗伊斯——神谕——埃克巴坦那、苏萨与巴比伦——冈比西斯挥师北上——进入叙利亚——司美尔迪斯继位——可能的解释——冈比西斯受伤——懊悔与绝望——冈比西斯的遗言——冈比西斯之死——人们不相信他的遗言

第二章 冈比西斯之死

在冈比西斯所有的恶行中,最令他臭名昭著的是他娶了自己的亲姐妹。除了年轻时最无耻、最放荡的恶习,人的自然本能,足以使其避免这种罪恶。最开始的时候,当冈比西斯考虑娶自己姐妹时,他也有些担忧,因此,他便问波斯的法官,问他们这样的婚姻是否合法。当时,法官的职责就是解释法律,而冈比西斯之所以咨询他们,不是因为他真想知道这种行为的对错,而是因为已经做出决定的他希望从法官那里得到某种法律支持,从而说明他行为的正当性,消除公众的厌恶。

波斯的法官们很清楚冈比西斯期待的答案,经过一番慎重的考虑,他们答复道:"虽然我们并没有找到任何允许男子娶自己的姐妹为妻的法律,但是,我们发现,很多法律都授权波斯国王可以做他认为合适的任何事。"

因此，冈比西斯就先娶了他的姐姐阿托莎。阿托莎也是一个历史名人，她是居鲁士的女儿、大流士的王后、薛西斯的母亲，而这三个人，可以说是波斯帝国最伟大的三个君主。我们不知道冈比西斯的姐妹是如何看待这种乱伦的婚姻的，我们只知道，随冈比西斯前往埃及的那个人完全不同于她的弟弟，她的弟弟冈比西斯残暴，而她却温柔善良，我想，她可能是迫于弟弟的淫威，才不得不嫁给了他的吧。

阿托莎的头部雕像。出土于波斯古都波斯波利斯

第二章 冈比西斯之死

另外，在征讨埃及时，冈比西斯还将弟弟司美尔迪斯带在了身边。虽然司美尔迪斯比冈比西斯年轻，但是他的力气比冈比西斯大，他取得的功绩也比冈比西斯高。因此，冈比西斯非常嫉妒他，在出征之前，因为害怕弟弟趁他不在的时候篡位，所以他不敢把弟弟留在国内。最后，冈比西斯并没有让弟弟留在国内监国，而是命他随军出征，而处理国内事务的权力则被他交给了两个穆护①。他的想法是，即使这两个穆护可以把国家治理得井井有条，他们也没资格继承波斯的王位，所以他可以放心地御驾亲征。这两个穆护，一个名叫帕提兹特斯，另一个人的名字则叫司美尔迪斯，与冈比西斯的弟弟同名——这个巧合最终造成了一些难以想象的后果。

尽管冈比西斯将他的弟弟带到了埃及，但冈比西斯对他的嫉妒并没有减少。因为司美尔迪斯在各种场合的出色表现让冈比西斯担心他会无形中获得将士们的支持。后来，更是发生了一件令他嫉妒无比的事情，于是，他决定将司美尔迪斯送回波斯。事情是这样的：

完全征服埃及之后，冈比西斯计划征讨位于非洲内陆的埃塞俄比亚。埃塞俄比亚人以力大勇猛著称，在出

---

① 穆护是古波斯的祆教祭司。——译者注

征前，冈比西斯想派人去收集一些关于埃塞俄比亚及其人民的情报。但是，埃塞俄比亚太偏远了，那里的风俗、语言、服饰和生活习惯与其他地方完全不同，而波斯军队却对此一无所知。因此，波斯人基本不可能通过伪装潜入埃塞俄比亚。

尼罗河上游靠近大瀑布的地方，河道比较宽，在那里，有个叫象岛的岛屿，岛上的土地非常肥沃。岛上生活着一个半野蛮部落伊克图欧法基，伊克图欧法基是希腊语，意为"渔夫"，而伊克图欧法基人也的确以捕鱼为生，他们拥有许多船只，经常到很远的地方去捕鱼。

为了打探埃塞俄比亚的情报，冈比西斯想出了这么一个办法。首先，他派人到象岛上的伊克图欧法基人部落去，向他们问明了如何前往埃塞俄比亚；接着，他又找了一个通晓埃塞俄比亚语言的人，委任他为使者，命他出使埃塞俄比亚。但是，为了迷惑埃塞俄比亚的国王，展现出他的友好诚意，掩盖住他的真实目的，冈比西斯还专门给埃塞俄比亚的国王准备了一些礼物。当时，冈比西斯准备的礼物包括色彩艳丽的服装、金项链、金手镯等昂贵物品，一些极具有迷惑性的小饰品和玩具等东西，还有一大瓶美酒。

于是，使者便带着这些礼物出发了。最终，经过漫

象岛一隅。爱德温·布拉什菲尔德(1848—1936) 绘于 1884—1893 年间

长而艰辛的旅程之后，使者终于来到了埃塞俄比亚，见到了埃塞俄比亚的国王，呈上了礼物，并传达了冈比西斯的意思。使者说："这些礼物都是我们的国君冈比西斯送给您的礼物，我们的国君想与您结盟，让波斯与埃塞俄比亚成为盟国。"

不过，埃塞俄比亚的国王没有被虚假的表象所迷惑，他立刻识破了骗局。他对使者说道："我很清楚冈比西斯派你来的动机，现在，我想请你带一些话给他。我想说的是，冈比西斯，你应该知足了，不要再想着用阴谋诡计侵略邻国，谋求他们的土地了。"

在翻看使者带来的礼物，一件紫色的衣服引起了国王的注意。他问道："这是布料的本来颜色呢，还是后期染上去的。"使者说是染上去的，并向国王详细讲解了染色的流程。但是，听完使者的描述后，国王并没有称赞波斯人工艺精湛，反而开始鄙视波斯工艺品的虚假。他说道："这件衣服，就如同冈比西斯所说的话一样，都具有欺骗性。"至于那些金手镯和金项链，国王早就看腻了，在他看来，这些东西就像枷锁，他说道："这些东西适合你们这些柔弱的波斯人，但不适合我们这些强壮的埃塞俄比亚人。"只有那瓶美酒让国王满意，他高兴地喝完了这瓶酒，然后告诉使者说："在你带来的

早期的埃塞俄比亚人。绘者信息不详

这些礼物中,只有这瓶酒是有价值的。"

来而不往非礼也,因此,埃塞俄比亚国王也回赠了冈比西斯一件礼物——即身强体壮的埃塞俄比亚国王亲自使用的强弓。在取下自己的强弓,将其递给使者,让他带给冈比西斯时,国王轻蔑地说:"告诉冈比西斯,当他军中的士兵能够拉开这种强弓时,他就可以来我们埃塞俄比亚了。现在,他应该庆幸自己的幸运,因为我们并没有攻伐波斯的野心。"

回来之后,使者便立即把埃塞俄比亚国王的话告诉了冈比西斯,得知了强弓的事情之后,波斯大军中的所有士兵都想尝试一下,但是,最后只有司美尔迪斯拉开了那张强弓。因为这件事,司美尔迪斯声名大振,但是,这也引来了冈比西斯更加强烈的嫉妒。最后,冈比西斯决定把司美尔迪斯送回波斯,他的想法是:把他送回波斯,可能会对我的王位构成威胁;但是,让他继续留在军中,他的威胁会更大。

然而,弟弟走后,他的内心也不轻松。对司美尔迪斯的嫉妒与猜忌令他坐卧不宁,寝食难安。后来,一天夜里,他梦见司美尔迪斯坐在波斯王位上,当时,司美尔迪斯的身形非常高大,头都顶到天了。第二天,冈比西斯觉得,这个梦预示着司美尔迪斯有一天会登上王位,

第二章 冈比西斯之死

于是，他决定永远地结束噩梦与恐惧。所以，他找来了普列克撒司佩斯，命他立即回到波斯，寻机处死司美尔迪斯。上一章，我们提到，普列克撒司佩斯的儿子被冈比西斯杀了，不过，这件事情其实发生在普列克撒司佩斯完成任务，从波斯回来后的那段时间里，我之所以把这件事提前，主要是为了说明当时冈比西斯的残暴。

回到波斯后，普列克撒司佩斯开始思考怎么完成冈比西斯的命令，怎么处死司美尔迪斯。最终，他用了某种方法完成了任务：有人说他将司美尔迪斯扔到了海里，任其溺水而亡；有人说他下毒毒死了司美尔迪斯；还有人说他趁着司美尔迪斯狩猎的时机，将他杀死在了丛林中。完成任务之后，他回到了冈比西斯身边，汇报说："您再也不用担心您的弟弟会篡位了。"

此时，冈比西斯变得越来越专制、越来越残暴、越来越疯狂，某一次，因为稍不顺意，他就命人将十二位地位显赫的宫廷贵族活埋了。在专制国家中，一个人居然能够要求他人绝对服从他的任何命令，而且这还是国家赋予君主的权力，这实在是太可怕了。

还有一次，也就是在冈比西斯杀害了他的弟弟司美尔迪斯之后，他的姐姐兼妃子，因为太过悲伤，便大胆地指责了他两句。当时，她坐在桌前，慢慢地将手里拿着的鲜花弄成碎片,放在桌上。然后,她问冈比西斯:"你认为是破碎的花朵美丽呢,还是原本完整的鲜花美丽呢?"冈比西斯说:"当然是完整的鲜花更美啊!"她接着说:"但是,你已经开始喜欢碎片了,因为你破坏了我们的家庭,就像我破坏了这朵花一样。"听到这样的指责后,冈比西斯就像一只老虎一样扑向他的姐姐兼妃子,对她拳打脚踢。旁边的侍从赶紧拉开冈比西斯,将他的姐姐抬走,但是她已经受了重伤,不久之后,一个年轻的生命便结束了。

其实,每次暴怒发泄完后,冈比西斯也很懊悔、也很痛苦。因此,有时,冈比西斯的部下便会"阳奉阴违"地执行他的残酷命令——明面上在执行命令,私底下却将他要盲目报复的对象藏起来,直到他平息了他那突如其来的愤怒,恢复平静。克罗伊斯大难不死的原因正在于此。

当时,克罗伊斯年事已高,身体非常虚弱。冈比西斯的父亲居鲁士大帝还在世时,他是居鲁士的好友与忠诚的顾问,而且,在死前,居鲁士也曾专门给冈比西斯写信,让他好好照顾克罗伊斯。同时,因为克罗伊斯是看着冈比西斯长大的,所以居鲁士也拜托经验丰富、聪明睿智的克罗伊斯帮他照拂一下冈比西斯。

吕底亚国王克罗伊斯,站在他旁边的是他的儿子和梭伦。克劳德·维尼翁绘

因此，克罗伊斯觉得，他有责任、也有义务劝诫一下冈比西斯，让他控制一下自己，克制自己的冲动，多行仁政。他对冈比西斯说道："如果你的暴政超过了波斯将士与臣民的忍耐极限的话，他们将会奋起反抗的，到时候，你会付出代价的——你会因为自己的肆意妄为而失去波斯王位和自己的性命的。"

听完这些话后，冈比西斯勃然大怒。首先，他很惊讶，克罗伊斯居然敢给他建议，接着，他便开始出言不逊，辱骂这位令人尊敬的顾问。冈比西斯嘲笑道："克罗伊斯，多年以前你便成了亡国之君，只能在我们托庇下生活于我们波斯，你有什么资格说这样的话。另外，如果不是因为你的愚蠢建议，我的父亲就不会死了。哼，之前我便看你不顺眼了，早就想给你点颜色瞧瞧，现在，既然你自投罗网了，那就不要怪我不客气了。"说着，越说越愤怒的冈比西斯便抓起了一把弓，还把箭搭在了弓弦上，准备当场射杀克罗伊斯。

见此情景，克罗伊斯立刻仓皇逃跑了。但是愤怒的冈比西斯依然不肯罢休，他命人去抓住克罗伊斯，并命他们抓住他之后便当场杀死。冈比西斯周围的人都知道他现在正在气头上，一旦他的怒气平息，他必然会为自己的鲁莽和草率后悔，所以这些人虽然抓住

第二章 冈比西斯之死

了克罗伊斯，但是他们并没有杀死他，而是将他藏匿了起来，保护了他。

几天之后，当冈比西斯开始后悔时，那些人告诉他说："陛下，克罗伊斯还活着。当时，我们知道您正在气头上，所以我们冒着生命危险救下了他。我们的想法是，当您的怒气平息之后，如果您依然要杀死克罗伊斯的话，我们再动手。"得知克罗伊斯还活着时，冈比西斯非常高兴，但他难以饶恕那些救下了克罗伊斯的人，于是，他便命人处死了那些违抗他命令的人。

冈比西斯之所以敢这么肆意妄为，一方面是因为波斯君主的无上权力无人制约，另一方面也是因为他相信他有天神相助。他曾在米底的神庙向神灵卜问过他的未来，卜问的结果是他将死于埃克巴坦那。当时，埃克巴坦那、苏萨和巴比伦是波斯帝国的三大首都，其中，埃克巴坦那最靠北。当时，苏萨是波斯的政治中心，巴比伦是波斯的经济中心，而埃克巴坦那主要是波斯国君的行宫所在地。因此，当冈比西斯知道自己会在埃克巴坦那去世时，他认为这意味着他将寿终正寝，就像常人一样，平静地死在自己的床上。因此，他相信命运之神会帮他避开一切猝死的危险，所以，无所畏惧的他变得更加地刚愎自用、一意孤行了。

后来,征服了埃及之后,冈比西斯率军沿着地中海北上,来到了叙利亚境内,《圣经》中经常提到的加利利就位于这里。穿越加利利时,冈比西斯率领着他的护卫军经过了一个城镇,于是,他命令大军在此停驻,这是一个很小的城镇,开始的时候,冈比西斯还不知道它的名字,不过,就在那时,一件令人难忘的事发生了。当时,他遇到了一个穿越叙利亚的传令官。那个传令官说道:"我来自苏萨,我来此的目的是告诉这里的叙利亚人,居鲁士的儿子司美尔迪斯已经登上了王位,现在,波斯的新国君命令这里的人服从他的号令。"

在此之前,当普列克撒司佩斯从苏萨返回时,冈比西斯已经从他那里知道司美尔迪斯已死。因此,听完这个传令官的话之后,冈比西斯立刻命人找来了普列克撒司佩斯,问他传令官的话是否属实。普列克撒司佩斯坚持说:"我亲手杀死了司美尔迪斯,并找个隐蔽的地方处理掉了他的尸体,除非人真的能死而复生,否则的话,司美尔迪斯根本不可能再造反了。"

接着,普列克撒司佩斯建议冈比西斯命人抓来那个传令官,问明究竟是谁派他来传令的。很快地,那个传令官便被带到了冈比西斯面前,冈比西斯问道:"你确定司美尔迪斯已经篡夺了王位,并且派你来传令?"传

一组波斯士兵的浮雕。出自波斯古都波斯波利斯的一处宫殿遗址

令官说道:"确实如此啊,虽然我并没有见到司美尔迪斯本人,因为他一直住在王宫之中,等闲不露面,但是,您指定监国的两位穆护中的一人亲自告诉了我这个消息,并且命我来叙利亚传令。"

听到这里,普列克撒司佩斯便意识到,冈比西斯指定监国的那两个穆护设计篡夺了王位,他提醒道:"陛下,那两个穆护中,一个人也叫司美尔迪斯啊,也许现在占据王位的正是这个司美尔迪斯。"冈比西斯也反应过来了,他觉得,他梦中出现的那个司美尔迪斯应该是穆护司美尔迪斯,而不是他的弟弟司美尔迪斯。想到这里,冈比西斯开始自责,他不应该因为猜忌而杀死自己的弟弟。但是,很快地,他的自责便变成了对篡位者的愤怒与憎恨,于是,他立刻命人把他的战马牵来,同时,他命军队立刻开拔,向苏萨挺进。

战马牵来之后,他飞身上马,但是,因为内心的焦躁,在不留神之间,他佩剑的剑鞘掉了,锋利的佩剑突然刺进了他的大腿。当他的侍从把受伤的他抬进营帐时,他们才发现他的伤势很重。我们都知道,暴躁、愤怒总是会损害身体的健康,自然,因为冈比西斯此前一直处于残暴易怒状态的,所以他的身体已经大不如前了。这时,可能是因为想到了死亡吧,所以冈比

第二章 冈比西斯之死

西斯问起了这个小镇的名字,侍从告诉他说这个小镇叫"埃克巴坦那"。他之前从未想到过,除了他在吕底亚的行宫外,居然还有别的"埃克巴坦那"。因此,当他得知现在所处的小镇也叫埃克巴坦那时,绝望的他就知道自己的死期将至了。

当时,那把剑伤到了骨头,伤口很深,后来,又因为处理不及时,他的伤口被感染了:结果,他的伤势越来越重了。忍受着伤口的剧痛,绝望的冈比西斯躺在床上,脸色苍白的他非常憔悴,内心更是充满了对死亡的恐惧。

受伤后的第十二天,冈比西斯召来了身边的贵族和将领,他说道:"我能感觉得到,我已经不行了。但是,在死前,我必须要告诉你们一件事,那就是,现在苏萨的那个篡位者司美尔迪斯不是我的弟弟司美尔迪斯。"复述了一下他的梦之后,他继续说道:"因为担心梦境中的情况会变成现实,所以,为了以防万一,我命人处死了我的弟弟司美尔迪斯。如果不是我突然受伤,生命垂危,我会一直保守这个秘密的。但是,现在,我已经不行了,不过,无论如何,我也决不能让那个司美尔迪斯窃居波斯王位。没错,现在占据波斯王位的就是穆护司美尔迪斯,我出征前任命的两个监国穆护之一。因此,你们不要被那个家伙欺骗了，我命你们率军赶回吕底亚，用战争或者其他方式除掉这个家伙。"说这些话时，冈比西斯原本空洞的眼睛之中放射出了憎恨和复仇的光芒，这表明，即使伤病缠身，即使死亡加身，冈比西斯的残暴本性依然没有改变。

此后不久，冈比西斯便驾崩了。冈比西斯死后，人们便把他死前的遗言抛诸脑后了，因为他身边的人都知道冈比西斯究竟是个什么样的人，因此，虽然冈比西斯说的非常郑重，但是当时的听众一点都不相信他的话。那些人认为，当时的冈比西斯依然被嫉妒控制着，他依然嫉妒他的弟弟司美尔迪斯，所以他的话全是编造出来的谎言。他们相信，现在坐在波斯王位的必然是居鲁士的儿子司美尔迪斯，而冈比西斯这么做的目的就是为了让他们站出来反抗司美尔迪斯，避免司美尔迪斯顺利地承继波斯大统。

穆护司美尔迪斯

精彩看点

穆护司美尔迪斯篡位——有利条件——无人知晓王子司美尔迪斯被杀——人们认为他还活着——司美尔迪斯采取的措施——自作自受的冈比西斯——波斯人民默许司美尔迪斯登基——司美尔迪斯面临的危险——帕提兹特斯的安排——深居王宫的穆护司美尔迪斯——暴露的危险——冈比西斯的后宫——司美尔迪斯霸占了她们——帕蒂玛与父亲奥坦尼的交流——帕蒂玛发现了国王的身份——奥坦尼与六贵族——大流士到来——秘密商议——大流士的观点——争论——古巴鲁——普列克撒司佩斯的处境——篡位者的计划——普列克撒司佩斯的决定——他在塔上演讲——普列克撒司佩斯之死——预兆——激斗——司美尔迪斯逃跑了——大流士杀死了司美尔迪斯

第三章 穆护司美尔迪斯

普列克撒司佩斯和冈比西斯的猜测是对的,的确是穆护司美尔迪斯篡夺了王位。据说,这个司美尔迪斯不仅与居鲁士的儿子同名,而且他们长得也很像。前面我们已经说过了,冈比西斯在远征埃及前命两个穆护监国,这两个穆护分别为帕提兹特斯和司美尔迪斯,他们是兄弟。当这两个穆护听说了冈比西斯在埃及的所作所为后,他们便开始计划篡夺王位了,因为他们知道荒淫无道的暴君肯定会失去人心,而那个时候,他们的机会便来了。与此同时,冈比西斯的出征在外也给了他们实施阴谋的机会,而司美尔迪斯这个穆护与居鲁士的儿子司美尔迪斯同名这件事,也给他们的计划实施提供了便利,于是,他们成功地控制了波斯的首都和首都附近的军事要塞。

上一章我们讲道，冈比西斯先将弟弟司美尔迪斯遣回了波斯，之后，又因为担心自己梦中的场景会变成现实，所以便派普列克撒司佩斯去暗杀了司美尔迪斯。因为是暗杀，所以世人只知道司美尔迪斯回到了波斯，却无人知道司美尔迪斯已经被普列克撒司佩斯杀死了，甚至冈比西斯最信任的大臣也不知道这件事情。虽然冈比西斯在临死前坦承说他命人杀死了司美尔迪斯，但是，冈比西斯死后，因为担心自己的安危，普列克撒司佩斯开始矢口否认这件事情，另外，人们都认为冈比西斯死前所说的纯粹是出于嫉妒，所以，他死前所说的那些话基本没人相信。

王室子弟总是习惯于把自己隐藏在王宫的高墙大院之内，因此，当国王的弟弟司美尔迪斯神秘失踪后，名叫司美尔迪斯的穆护便可以轻而易举地假扮他了。而当他们篡位成功后，穆护司美尔迪斯继续深居宫中，尽量不在公共场合露面，这样一来，冈比西斯为了防止自己亲弟弟篡位所做的一切，都为穆护司美尔迪斯的篡位铺平了道路。如果冈比西斯发现，他所做的一切最终一步步将自己推向了灭亡的深渊，这真是自作孽不可活啊。

因为冈比西斯之前的行为，波斯民众和正在埃及的军队都更愿意相信苏萨城的官方消息，即居鲁士的儿子

一幅壁画,早期的穆护

司美尔迪斯不仅活着，还顺利地继承了大统，登上了波斯王位。所以，就这样，波斯帝国举国上下都平静地接受了新国王司美尔迪斯，他们都认为司美尔迪斯继承王位是合法的。

其实，司美尔迪斯篡位后，他们也有一定的危险，因为波斯的国王必须在一些公众场合出现，而且他必须处理很多的政务。不过，在篡位之初，这两个篡位者便已经计划好了如何分享胜利果实。他们的具体安排如下：如果篡位成功，那么司美尔迪斯将享受国王的生活，而帕提兹特斯则行使国王的权力。

这个安排很好地解决了上面提及的那个问题，司美尔迪斯深居王宫，在享乐的同时，最大限度地避开公众的目光；而帕提兹特斯则总揽大权，发布命令、视察军队、选派使者，行使波斯国王的权力。由此可见，帕提兹特斯才是整个计划的核心人物。帕提兹特斯此人野心勃勃，很有抱负，当初，他帮助弟弟篡夺王位的条件便是等他弟弟登基后，他能够独揽波斯大权，因此，实际上，我们可以说，帕提兹特斯在以司美尔迪斯的名义统治着波斯帝国。

最后，司美尔迪斯占据了波斯国王的王宫，深居其中，过着奢华的生活。他很少在公共场所抛头露面，即

第三章 穆护司美尔迪斯

使不得不露面,他也绝不让人们接近他、近距离地观察他。虽然他的身材、外貌与他冒名顶替的王子非常像,但是,与王子司美尔迪斯相比他有一个与众不同的特征,而这个特征会让他暴露,给他带来危险。穆护司美尔迪斯没有耳朵,很多年前,因为他冒犯了居鲁士,所以居鲁士就命人割掉了他的双耳。因此,当他出现在公共场合时,他总是用帽子、头盔或其他头饰来遮住他的头部,免得人们发现他没有耳朵这个事实。即使在平时,他也尽力地掩饰着,因为一旦别人发现他没有耳朵这件事,那么他的身份便会暴露,他便会有生命之忧。因此,深居苏萨城王宫的他从不接见波斯贵族。

虽然奢华的王宫里有各种各样的享乐方式,但是司美尔迪斯最喜欢的还是冈比西斯后宫的那些女子。因此,当冈比西斯的死讯传来后,篡位成功的司美尔迪斯立刻霸占了她们——当时,居鲁士的女儿,冈比西斯的姐姐兼妃子阿托莎也被他霸占了。不过,为了防止这些女子发现他是个冒牌货,穆护司美尔迪斯将她们分别软禁在不同的房间里,禁止她们相互交流,只允许他喜欢的几个人轮流服侍他。

在这些女子中,有个叫帕蒂玛的人,她是波斯贵族奥坦尼的女儿。在波斯地位较高、影响力非常大的奥坦尼和其他几位权贵已经注意到了新国王司美尔迪斯的异常，毕竟这位新国王在登基之后便很少出现在公共场合，也根本不接见波斯贵族，这太古怪了。虽然波斯贵族都或多或少地有所怀疑，但是，他们却不敢相互沟通。

于是，奥坦尼便派人问他的女儿帕蒂玛："你现在服侍的国王是不是真正的司美尔迪斯，也就是说，他是不是居鲁士的儿子？"

帕蒂玛答复说："在冈比西斯死前，我从未见过居鲁士的儿子司美尔迪斯，所以我不知道这个国王是不是真正的司美尔迪斯。"

接着，奥坦尼又派人告诉帕蒂玛说："你可以去问问阿托莎，她是司美尔迪斯王子的姐姐，非常了解他。"但是，帕蒂玛告诉她父亲说："我见不到阿托莎，因为她被软禁在了自己的房间里，任何人都见不到她。"

最后，奥坦尼再次派人告诉帕蒂玛："现在，还有一种办法可以判断出国王是不是真正的司美尔迪斯，那就是，当你下次去服侍国王时，你趁他熟睡时，摸一摸他的耳朵，看看他是否有耳朵。如果这个国王没有耳朵的话，那么他一定不是王子司美尔迪斯，而是穆护司美尔迪斯。我希望你能够勇敢地完成这件事，别忘了你高贵的出身，你应该有找出真相的勇气。"

身着波斯服饰的波斯贵族。绘于十九世纪

帕蒂玛给她父亲回复说："如果我在摸他耳朵的时候惊醒了他的话，他一定会立刻杀了我的，但是，你放心吧，我还是会去做这件事的。"

最后，当再次轮到帕蒂玛去服侍国王时，她便趁着国王睡着的时机，小心翼翼地将手伸到了国王的帽子底下。结果，她发现这个国王果然是假的，因为他的双耳被割掉了。于是，第二天早上，她就命人将这个消息告诉了她的父亲奥坦尼。

奥坦尼立即将这一情况告知他的两个朋友，这两个波斯贵族也曾怀疑现在的国王不是真正的司美尔迪斯。不过，现在的问题却变成了，已经知道了这个秘密的他们，下一步应当怎么做？经过一番商议，他们决定，每个人选择一个值得信赖的人，将这个秘密告诉他。如此一来，知道这个秘密的人数便是六个人了。就在此时，我们前文提及的那个年轻人，希斯塔斯帕的儿子，居鲁士梦中出现的大流士来到了苏萨城。当时，他的父亲希斯塔斯帕是帕提亚的总督，所以，在此之前，他一直住在帕提亚。

因为大流士非常有能力，声望很高，所以，在得知大流士来到苏萨城的消息后，这六个人便找到了大流士，

第三章 穆护司美尔迪斯

将他们知道的秘密告诉了他。① 同时,大流士告诉他们说:"我也发现这个司美尔迪斯不是真正的王子司美尔迪斯,我此次前来苏萨城,就是为了除掉这个冒名顶替的篡位者。"

紧接着,他们便开始秘密磋商下一步的行动计划。不过,在此之前,这七人先进行了庄严的宣誓,他们发誓说:"无论结果如何,我们决不相互背叛。"之后,大流士说出了他的观点,他说:"既然现在已经有这么多人知道了这个秘密,那么我们应该立即采取行动了,我担心迟则生变。"

然而,奥坦尼却说道:"大流士啊,虽然我很钦佩你的决心和勇气,但是,你的观点我不敢苟同,我认为我们应该谨慎行事,想一个万全之策。现在,我们的准备还不充分,我们的实力还有点弱小,因此,我认为,我们应该先积蓄力量,壮大我们自己,然后再寻机推翻那个伪君。"

大流士反驳道:"奥塔尼啊,你的建议会害死我们的,如果有更多的人知道了我们的计划,那么,不论我

---

① 其实,大流士不仅仅是波斯贵族,他还是波斯王族,他出身于阿契美尼德王族的旁支。因此,这些人找大流士参与此事,应该不仅仅是因为他有声望的缘故。——译者注

们如何小心，总会有人背叛我们的，因为背叛者可以从那个伪君那里得到足够的利益。因此，我们必须单独行动。为了不引起那两个篡位者的怀疑，我们必须立刻进宫，大胆地走到那个伪君面前，在他怀疑我们之前先发制人，直接杀死他。"

奥塔尼说道："但是，我们根本没有办法接近那个伪君啊，宫廷的每一道大门都有卫兵把守，这些卫兵绝对不会让我们过去的。而如果我们强攻的话，只要警报一响，我们的计划就泡汤了。"

大流士却说："守卫不是问题，我们都身居高位，经常出入王宫，因此，他们都认识我们。而且，出于尊敬，他们不会怀疑我们的。而且，如果我们的行动足够大胆、足够果断、足够迅速的话，他们便没有反应的时间。嗯，如果实在行不通的话，到时候我就说我刚刚回到波斯，有要务在身，必须面见国王，那时，他们便不能阻止我们了。如果我的一次谎言能够帮助我们达成我们的目的的话，那么，当危急之时，我是不介意这么做的。"

大流士与奥坦尼争论不休时，其他五人一直保持着沉默，后来，五人中的古巴鲁站了出来，他说："我同意大流士的方案。我也知道，如果我们强行接近那个伪

第三章 穆护司美尔迪斯

君,并且在宫廷之中刺杀他的话,那么我们几乎会面临九死一生的险境。但是,我宁愿为了将帝国统治权重新交给真正的继承人而也不愿继续接受那个伪君的统治,那个以卑鄙的手段阴谋篡位的家伙,他配拥有波斯吗?"

因此,他们最终就此达成了一致,并开始着手实施。

与此同时,在苏萨城的另一端,也正在发生着另一件重要的事情。虽然波斯人民都不相信冈比西斯死前所说的话,但是有关普列克撒司佩斯奉命杀死司美尔迪斯的谣言依然传播了开来。虽然每当有人问起这件事情的时候,普列克撒司佩斯都矢口否认,而且通常对此事避而不谈,但是,一旦有人强迫他必须回答时,普列克撒司佩斯便惊慌失措,给人一种做贼心虚的印象。因此,有关居鲁士的儿子司美尔迪斯已死的谣言越传越广。

其实,那两个篡位者非常害怕人们怀疑现在的国王不是居鲁士的儿子司美尔迪斯。因此,为了打消人们的疑虑,他们想出了这么一个办法。他们准备让普列克撒司佩斯在公开的场合宣布他并没有奉命杀害司美尔迪斯,市井流传的全是谣言。因为普列克撒斯佩斯的地位比较高,影响力很大,所以,这两个篡位者认为,一旦普列克撒斯佩斯公开宣称他没有杀死司美尔迪斯,那么市井流言便会不攻自破,人们便不会再怀疑他们的身份了。

但是，无论一个人多么强大，一旦让他背负上谎言，他就会变得脆弱不堪。而对普列克撒司佩斯来说，他的儿子之死，他自己杀死司美尔迪斯的罪孽，早已压垮了他。现在的他痛苦不堪，寝食难安，可以说，对现在的他来说，活着就是一种负担。因此，当那两个篡位者找到他，想让他在公开场合，正式地、庄严地否决市井的流言，再次撒下一个弥天大谎时，原本摇摆不定的普列克撒斯佩斯终于下定了决心，他决定坦白自己的所作所为，揭穿那两个篡位者的身份。

所以，他假装答应了伪君的要求，但是，当他出现在公共场合，登上演讲的高台后，他开口便直接承认了自己曾经犯下的罪行，他说："此前，我的确奉命杀死了居鲁士的儿子司美尔迪斯，现在的国王司美尔迪斯就是一个冒牌货，他其实是穆护司美尔迪斯。因此，我呼吁你们立刻杀死这个奸诈的篡位者，维护波斯王位的正统性。我以最严厉的誓言诅咒你们，如果你们不能除掉篡位者的话，上天必然降下惩罚，惩罚你们这些无所作为的人。"他知道，话一出口，他的死期便接近了，但是，已经无所谓的他越说越激动。最后，在伪君的部下反应过来之前，在下面的人们震惊于真相的时候，他突然跑了起来，跳下了高台，结束了自己的生命。

大流士的画像。根据一块浮雕创作而来

普列克撒斯佩斯死后，那里立刻陷入了混乱，与此同时，准备实施计划的大流士一行七人也来到了王宫前。就在那里，他们了解到了刚才发生的一切。得知刚才的情况之后，奥坦尼开口道："我再次建议我们推迟行动，现在，情况有变，我觉得我们应该等到混乱平息之后再动手。"

但是，大流士却急切地说："不，我们必须立刻动手，现在，一刻也耽误不得了。就在刚才，普列克撒斯佩斯自杀了，那两个篡位者很快便会知道他们的身份已经暴露了，因此，我们必须得在他们反应过来、提高警惕之前，先下手为强。"

就在他们举棋不定之时，天空中飞过了一群鸟儿，他们定睛细看，发现七只雄鹰正在追逐两只秃鹫。他们认为这是一种吉兆，上天也在催促他们赶紧行动，于是，他们不再犹豫，而是坚决地走向王宫的大门。

正如大流士所预料的那样，当守门的卫兵看到他们七人威风凛凛地走过来时，立刻打开了宫门，放他们进入了王宫。就这样，他们顺利地来到了内廷。当时，内廷的门口还有几个侍从把守，当那些侍从看到他们后，便大声地质问道："谁允许你们进来的？"这时，大流士一行人立刻拔出了武器，斩杀了这几个狐假虎威的侍从。

第三章 穆护司美尔迪斯

当时，那两个篡位者正在房间内走来走去，他们已经得知了普列克撒斯佩斯所做的一切了。正在惊慌失措之时，他们听到了门外侍从的喊声，于是，他们立刻去抓武器。其中，司美尔迪斯抓到了一张弓，帕提兹特斯拿到了一把长矛。就在这时，大流士一行人冲了进来，于是，双方九人立刻陷入了激斗。因为激斗的场所在室内，空间有限，弓箭难以施展，所以司美尔迪斯转身便逃，见此情景，大流士和古巴鲁当即追了出去。另一方面，拿长矛的帕提兹特斯已经刺伤了两人，但是剩下的三个人继续向他攻去。

司美尔迪斯穿过了一座座宫殿，最终逃入了一间黑乎乎的房间里，想找个地方躲起来。但是，尾随而来的古巴鲁立刻冲了过去，一把抓住了他。被抓住之后，司美尔迪斯奋力挣扎。这时，古巴鲁一边压制司美尔迪斯，一边大喊大流士的名字。听到喊声之后，大流士立刻挥舞着自己手中的利剑来到了房屋门口。但是，因为屋内实在太黑了，大流士根本看不清情况，所以他只能站在门口，努力地睁大眼睛，想分辨出朝向门口的古巴鲁和司美尔迪斯。

这时，古巴鲁大声喊道："大流士，你为什么不攻击他？"

大流士说道:"我看不清楚情况,怕伤到你。"

古巴鲁一边用尽全身的力气,死死地抓住疯狂挣扎的司美尔迪斯,一边喊道:"赶紧攻击吧,即使把我们两人都杀了也没关系。"

于是,大流士举剑就刺,之后,古巴鲁的手一松,司美尔迪斯就倒在了地上,当时,大流士的利剑准确地刺中了这个伪君的心脏。之后,大流士与古巴鲁将尸体拖到门外,然后砍下了他的头颅。当他们回到内廷时,帕提兹特斯也被杀死了,他们也砍下了这个阴谋者的头颅。

大功告成之后,大流士一行人非常高兴,因此,他们便把此次的战果——那两个篡位者的头颅——挂在长矛上,兴高采烈地走出了王宫。之后,他们便集合了军队,并大声地宣布:"之前的国王是个伪君,根本不是居鲁士的儿子,不是合法的王位继承人。现在,我们已经杀死了这两个篡位者。"

第四章

大流士登基

精彩看点

苏萨城的狂欢——王位空悬——七人统摄国政——国不可一日无君——奥坦尼主张建立共和制——麦加比苏建议寡头政治——大流士提倡君主制——四人赞同大流士的主张——奥塔尼退出——其余六人达成共识——确定国王的奇特方式——大流士的马夫沃比思——沃比思的方法——故事的真假——骑在马背上的雕像——因塔弗尼兹——他觐见大流士被阻——因塔弗尼兹的做法——大流士的不安——因塔弗尼兹被捕——因塔弗尼兹的妻子——她的奇怪决定——因塔弗尼兹被杀

第四章 大流士登基

铲除伪君之后的那几天里,整个苏萨城的人都处于一种兴奋状态。但是,几天之后,当人们逐渐平静下来之后,他们发现,居鲁士的两个儿子冈比西斯和司美尔迪斯都不在了,所以波斯现在已经没有可以合法继承王位的继承人了。虽然现在苏萨城还有三位波斯公主,即居鲁士的两个女儿——其中之一便是我们前文提及的阿托莎以及司美尔迪斯的女儿帕米思。但是,在当时那种情况下,她们都拒绝继承王位。五天过去了,波斯的王位依然悬而未决。

不过,因为大流士等七人组成了临时行政团体,统摄国政,所以,在此期间,波斯帝国的各个地区并没有出现动乱。但是,国不可一日无君,因此,五天之后,大流士等人便开始讨论如何解决波斯面临的最大问题。

首先发言的是奥坦尼,他说道:"我主张建立共和制,在我看来,将至高无上的权力交到一个人的手中是不明智的,也是不安全的。事实证明,当任何人绝对凌驾于他人之上时,他就会变得猜疑、嫉妒、狂傲、残酷。这时,为了维护自己的权力与地位,这个人会不择手段,罔顾他人的幸福与利益。这种情况下,无论是好人还是坏人,都会成为他的牺牲品。我们就以冈比西斯为例吧,从他身上,我们就能够看出暴君是如何的狂傲、残酷。难道你们忘记了吗,冈比西斯在位期间,我们是如何的痛苦,如何的恐惧。因此,我不想再次陷入那种可怕的危险之中,所以,我建议,我们波斯应该建立共和制。"

接下来发言的是麦加比苏,他说道:"虽然我完全赞同奥塔尼那关于君主专制是如何可怕的这一观点,但是我反对他的提议。在我看来,我们不能为了避免一个极端而走上另一个极端。因此,我提倡寡头政治,我们七人,再加上一些来自贵族和军队的、德才兼备的人,便可以组成寡头政治了。这样一来,我们便可以避免君主专制的暴政和压迫了。在我们这个团体中,任何一个人都无法滥用自己的权力,因为其他人会制约他。不过,我们这个团体的人数也不能太多,人数过多的话,我们便不能谨慎而深思熟虑地讨论问题,也不能最有效、最有力地实施决议。"

麦加比苏说完后,轮到大流士发言了,大流士说道:"奥坦尼和麦加比苏的提议似乎都是切实可行的,但是,实际上呢,他们并没有充分考虑到不同政治体制的优点,而只是简单地将一种政府组织形式好的一面与另一种政府组织形式糟糕的一面进行了对比而已。我承认,我们有可能滥用任何事物,或者使完美的事物变得不完美,但是,既然他们建议的两种政治体制都可以很好地运作,那么,在我看来,君主制也具有绝对的优势。毕竟,在我们现在这种情况下,由一个人来行使统治权的话,权力会更加集中、更加有效。这样一来,我们形成决策时,决策的保密性就会更高,而且决策执行时也会更加迅速、及时。另外,如果权力分散在很多人手中的话,手握权力的众人很有可能会因为竞争或嫉妒等原因而相互争执,进而影响决策的达成和执行。还有,斗争往往会导致权力的转移,最终使得某个人的力量更强大,这样一来的话,无论是寡头政治也好,民主政治也罢,最终都会发展成君主专制。另外,我们波斯人已经习惯了君主制,如果我们贸然更换政体的话,我们的国家很有可能陷入动乱,甚至四分五裂。"

经过激烈的争论,最后,七人中有四人赞同大流士的提议，少数服从多数，于是，波斯的国家政体就这样确立了。这个时候，奥坦尼却开口了，他说道："既然你们想实施君主制的话，那么，我不反对你们，但是，我绝对不会服从你们确立的君主的。现在，我既不想统治他人，也不想让他人统治我。因此，你们可以用你们认为合适的方式确立君主，但是，我采取不合作的态度，我的家人以及所有依附于我的人都不会接受他的统治的。看在之前的情分上，我希望那个君主可以给我自由。"众人也乐得成全他，因此，得到那六人的答复之后，奥坦尼便率先离开了。

奥坦尼离开之后，剩下的六人继续商议如何确立君主，最终，他们取得了如下共识：第一，国王从他们六人之中产生；第二，无论谁担任国王，其余五人将保证服从他的统治；第三，其余五人在服从国王统治的同时，也享有一定的特权和荣誉，即他们可以自由地出入王宫，随时觐见国王；第四，国王的王后只能从其余五人的家族中选出。但是，达成这些共识之后，他们仍然无法确定国王的最终人选。最后，他们想到了一个奇特的办法，即，第二天早上，他们六人骑马到城外的某个指定地点，当旭日东升的时候，谁的坐骑先嘶鸣了，谁就是国王。希罗多德详细地记录了这个故事，我想，当读者们了解

第四章 大流士登基

了这个事情的始末之后,他们应该能够判断出这个故事的真实性吧。

之后,他们就各自回家了。回到家后,大流士将他的马夫沃比思叫来,命他第二天黎明时分将他的坐骑准备好,并给他解释了确定国王的形式。沃比思对大流士说:"如果你们真的要用这种方式选择国王的话,那你就放心吧,我只需略施小计,你便能够轻松地成为国王了。"听闻此言,大流士便很诚恳地请沃比思务必促成此事。沃比思做出肯定的答复后,便匆忙离开了。

其实,沃比思的方法很简单。当天夜里,他将大流士的战马与另一匹异性马牵到指定的地点,让它们在那里相处了一整晚。沃比思希望,第二天早上,当大流士的战马再次来到这个地方时,它能想起前一天晚上的事情,然后开始嘶鸣。结果也正如他所料,当大流士一行六个人骑马来到指定的地方时,大流士的战马首先开始嘶鸣,于是大家就一致推举大流士为国王。

这个故事是否可信呢?我想几乎所有人的第一反应是不相信吧。的确,在决定国王人选这么一个事关大多数人利益的事情上,任何心智健全的人都不会使用如此如此幼稚、如此荒谬的计划吧,恐怕就是一群假期准备出去玩的男孩也不会用这种方式选出他们的领头人吧。但是，令人匪夷所思的是，希罗多德详细地记录下了这个故事，而且，此后的历史学家们不断地重复这个故事，从不去质疑他的真实性。然而，这种事情居然发生了！采用这种方法真是令人匪夷所思。也许这件事是真的，也许幅员辽阔、人口众多、经济发达、军事势力雄厚的波斯帝国真的发生了这样的事情，也许如同大流士那样聪明睿智、高瞻远瞩的人们真的采用如此荒唐的方式决定了如此重大的事情。

虽然这个故事很荒谬，令人难以置信，但是，纵观历史，很多情况下，人们其实都是很随意地决定了谁将拥有绝对的、至高无上的权力。或许，在我们眼中，那些统治者高高在上、庄严崇高，总是能够以审慎、明智的态度做事。但是，在古代，独裁的君主大多通过征服获得王位，或者直接从父兄那里继承了王位，因此，虽然他们身居高位，但是，他们中的大多数人却不知道自己权力的来源，目光短浅地只能看到眼前的蝇头小利，反复无常。而大流士等六人，极有可能就属于这种情况，在他们看来，王位与国家和人们的利益无关，他们只是想得到那个位置，入主王国。

另外，当时的人们普遍认为动物的行为与声音是超自然的象征，是上天表达自己的一种方式，所以，当时

希罗多德是古希腊作家、历史学家。图为位于法国卢浮宫的希罗多德雕像

的大流士等六人才想通过马嘶来确定国王的人选。而且，据说，当大流士的战马嘶鸣之后，虽然当时万里无云，但是天上却传来了阵阵雷声。这个雷声更加证实了大流士的"天命所归"，于是，其余五人立刻下马，跪倒在大流士的脚下，宣称他们将臣服并效忠于新国王大流士。

登基之后，大流士认为他的马夫居功至伟，如果不是他的马夫的话，他估计很难顺利地登上王位。因此，他便命人雕刻了一尊他骑在马背上的雕像，而他座下的战马则正在嘶鸣。最后，他还命人将这尊雕像放在了公共场所，并在旁边写下了这么一句话：因为马夫沃比思的巧妙安排，因为胯下坐骑的聪慧，希斯塔斯帕之子大流士顺利地登上了波斯王位。很明显，他以马夫的聪明才智为荣，而不是将马夫的计谋当做可耻的欺骗行径。

即位之后，大流士做的以下几件事充分说明了古代的君主很容易被自己的冲动支配，而因塔弗尼兹事件就是一个典型的例子。

因塔弗尼兹是铲除篡位者、帮助大流士登上王位的七人之一。在他们商议由谁来做国王之前，便取得了一些共识，其中，有一条便是其他人可以随时觐见国王。因此，某天傍晚，因塔弗尼兹来到王宫后，便径直走向国王的寝宫走去。但是，在大流士的寝宫门口，两个侍

登上波斯帝国王位的大流士

卫拦住了他，他们说国王已经入睡了。因塔弗尼兹被侍卫的傲慢激怒了，于是，他拔剑砍掉了他们的鼻子和耳朵，然后，他又取下马的缰绳，将侍卫绑在王宫门口，之后便扬长而去。

浑身是血的侍卫立刻进宫面见了大流士，并痛诉说因塔弗尼兹下手太狠了。登上王位之后，大流士便开始担心自己的安全了，因为害怕其他几个人联合起来反对甚至是反叛他，而今天因塔弗尼兹在他的寝宫门口侮辱他贴身侍卫的大胆行为，就成了导火索。于是，他派人去请来了除因塔弗尼兹之外的其余四人，并逐一接见了他们，亲口质问他们是否赞同因塔弗尼兹的做法。他们立刻否认了与此事的关系，还立刻宣称他们坚决拥护大流士。

因为怀疑因塔弗尼兹准备发动叛乱，所以大流士先采取了可以预防任何叛乱的谨慎措施，然后才命人抓捕了因塔弗尼兹和他的儿子、家人、亲戚，以及他那些能够拿起武器的支持者。大流士想：如果因塔弗尼兹真的准备发动叛乱的话，那么这些人都可能成为他的同谋。但是，抓捕工作完成之后，大流士并没有发现任何能够证明他们准备发动叛乱的证据。其实，因塔弗尼兹根本就没有想过发动叛乱，但是，在古代，所有臣民的自由

第四章 大流士登基

和性命都完全掌握在国王手中，所以，即使因塔弗尼兹什么都没做，大流士也决定处死他。因为大流士怀疑这些人有叛乱的可能，所以，为了以绝后患，大流士便决定宁杀错、不放过。

在刽子手们准备行刑时，因塔弗尼兹的妻子来到大流士的王宫求见大流士。见到大流士后，她说她想求大流士放过她的家人。大流士做出一副被她感动了的样子，告诉她说："你可以选择救一个人，你说救谁，我就可以饶过那个人。" 但是，大流士的真正意图却是他想亲眼看看这个女人是如何在丈夫与儿子之间做出生死抉择，以及在做出抉择时不得不承受的痛苦和煎熬。

但是，因塔弗尼兹的妻子并没有选择她的丈夫或儿子，而是选择了她的弟弟。大流士非常惊讶，于是，他问道："你为何不选择自己的丈夫或儿子，而要选择自己的弟弟呢？弟弟应该不如丈夫和儿子亲近吧。"但是，她的回答却是："失去丈夫和儿子，我还有办法弥补，因为我可以再次嫁人、生子。但是，我的父母已经去世了，所以，如果我的弟弟死了的话，我就不可能再有弟弟了，也就是说，失去弟弟的损失是无法弥补。"

听完这些话后，大流士非常高兴，因为这种说法太新奇了，于是，他便命人释放了她的弟弟，同时，作为奖赏，他还释放了她的儿子。但是，因塔弗尼兹以及其余人等，却都被处死了。

第五章

行省

精彩看点

大流士的行省制——白马骑兵队——总督的任务——半自治的行省——大流士的统治方式——总督欧瑞特斯——欧瑞特斯与麦特洛巴特的谈话——波利克拉特——雅赫摩斯的来信——雅赫摩斯的建议——波利克拉特扔掉了自己的戒指——奇迹般地重获戒指——雅赫摩斯的预言——预言成真——欧瑞特斯的来信——欧瑞特斯的阴谋诡计——波利克拉特的女儿——波利克拉特之死——作恶多端的欧瑞特斯——欧瑞特斯杀死了大流士的使者——愤怒的大流士——大流士的计划——巴格斯——巴格斯的计划——终遭报应的欧瑞特斯

第五章 行省

登基之后，大流士花费了大量的心思和时间，将波斯帝国的疆域系统地划分为界限分明的行省。当时，大流士将波斯帝国划分成20个行省，每个行省任命一个总督，并对总督进行编号，编号的顺序为由西到东进行，如小亚细亚西部的总督编号为1，而东印度的总督排在最后，编号为20。

另外，大流士还明确地规定了各个行省应该交纳的贡赋数量和方式，并按照该地区土壤的肥沃程度与物产种类的多少来调整贡赋。在波斯帝国的20个行省中，有些行省需要交纳金币，有些行省需要交纳银币，还有一些行省则交纳当地的特产。例如某个行省是著名的产马地，所以这个行省每年都需要向大流士送去360匹白马。当时，大流士用这些白马组建了白马骑兵，这支骑兵可以说是当时最壮观的一支骑兵了，骑兵队的战马统一为装饰华丽的白马，骑兵队的每个骑手也配备着非常豪华的装备。

波斯帝国的行省总督们有两大任务：第一，保证自己行省的贡赋征收顺利，并将征收到的贡赋交到国王手中；第二，保障自己行省的稳定，抵御外辱、镇压内乱。为了完成这些任务，每个总督的手中都有一支军队。当然了，军队的供养也需要总督负责，不过，每个总督都可以从自己的辖区内搞到足够的钱来充当军费。

其实，每个行省都相当于一块半自治的王国，每个行省的总督都可以在自己的行省内行使如同国王一般的权力，还可以修筑军事工程。事实上，总督和国王的联系很少，可以说除了每年一次的觐见和上交贡赋外，除了战时提供一定的军队外，这些行省的总督在很大程度上独立于国王。

可以说，国王只有通过司法权来和平地约束实力强大的总督，但是，一旦总督不服从国王的命令，甚至起兵反叛时，国王所能做的就是征召军队，武力平叛。不过，付诸武力的代价总是很高的，而且，胜败乃兵家常事，国王也不一定能够完全地压住叛乱的总督。因此，很多时候，当某个总督的实力增强，野心膨胀时，他很

第五章 行省

有可能可以凭借着自己的力量击败国王的军队，谋得更多的特权。更有甚者，有些总督甚至可以推翻自己的国王，自己登顶。

登基后不久，大流士对一位行省总督非常不满，想要处死他。这个故事本身或许并不重要，重要的是，我们可以从这个故事中一窥大流士行省制的特点和他统治波斯帝国的方式。

欧瑞特斯是大流士统治时期的一名总督，当时，他管理的是吕底亚王国下属的一个行省，行省的首府是萨

大流士在位期间发行的金币，上面的人物为大流士

迪斯。此人是一个个反复无常、残暴不仁的人，下面这件事能充分展示他的残暴。

某天，欧瑞特斯的邻居——临近行省的总督麦特洛巴特来拜访他了，席间，这两个人如同一般的士兵一般开始彼此吹嘘着自己曾经的英勇行为。后来，麦特洛巴特说道："欧瑞斯特啊，我觉得，只有征服希腊的萨摩斯岛，你才有资格吹嘘你是多么的勇敢，多么的有进取心。你看看，萨摩斯距离吕底亚海岸线并不远，我们波斯实力雄厚，想要吞并它，把它变成我们波斯的一部分，便如探囊取物一般。但是，现在呢，萨摩斯岛依然保持独立，难道是因为你害怕萨摩斯岛上那个希腊城邦里的波利克拉特吗？"

麦特洛巴特的嘲讽深深地刺痛了欧瑞特斯，因此，尽管此前他与波利克拉特无冤无仇，但是现在，他决定吞并萨摩斯岛，干掉波利克拉特。

虽然萨摩斯只是爱琴海上的一个小岛，但是岛上的城邦还是很强大的，波利克拉特手上有一支强大的舰队，而且野心勃勃的他当时正计划着如何称霸海上。另外，说到波利克拉特呢，我就不得不说一下下面这个故事，从这个故事中，我们可以看出当时的人是如何的迷信了。这个故事发生在冈比西斯远征埃及之前，当时，波利克

萨迪斯位于今土耳其西部沿海。图为萨迪斯城的一处遗址,拍摄年代不详

拉特的城邦正处于最繁荣兴盛的时期。就在那时，他的盟友埃及法老雅赫摩斯给他写了一封信，信的内容如下：

波利克拉特，当我得知你的城邦正欣欣向荣时，我也与有荣焉。但是，祸兮福之所倚，福兮祸之所伏，如果你的城邦依然保持着这样的势头的话，我怕可怕的灾难会突然降临，因此，如果上天不能打断你的城邦这种高歌猛进的势头的话，我建议你自己做点什么。我觉得，你应该想办法让自己蒙受一些损失，这样一来，你或许便能够破财免灾，消除未来可能出现的厄运了。

波利克拉特觉得这个建议很好，于是，他便开始思考用何种方式给自己造成一些损失。最后，他决定把那个他极为珍视的、价值不菲的戒指扔掉。这个戒指是用非常昂贵的珠宝镶嵌在黄金中制成的，因其精致的做工而闻名。波利克拉特认为，丢掉这个戒指后，他便能够达到破财免灾的目的了。于是，波利克拉特命人把他海军中最大的一艘船——一艘配备了五十名桨手的大帆船准备好，然后，他带着大批的侍从登上了船，扬帆出发。

第五章 行省

当那艘船驶出岸边很远后,他便拿出了戒指,当着众人的面,将它扔到了海中,看着它下沉。再也看不见戒指之后,波利克拉特认为这个戒指再也不会浮出水面了。

然而,人是无法驾驭自己的命运。几天后,萨摩斯岛上一位渔夫在海岸边抓住了一条又大又漂亮的鱼。见到这条鱼是如此的奇特后,他觉得他应该将它送给波利克拉特。后来,当波利克拉特的仆人切开鱼腹准备烹饪时,他们惊奇地发现,波利克拉特的戒指就在鱼腹中。戒指的失而复得让波利克拉特喜出望外,在此之前,他正在后悔自己的草率,并为失去戒指而痛心。但是,现

古希腊时期的船只,出自古代石棺上的石刻

在，戒指再次回来了，他高兴得无以复加，同时，他还向雅赫摩斯派出了使者，把这件事原原本本地告诉了他，想与他分享这份快乐。

然而，雅赫摩斯却回复说："在我看来，这个戒指以如此奇特的方式回到你的身边是个不详之兆。我想，命运之神一定会将某种可怕的灾难降临到你的身上，而且，现在，不论你采取什么预防措施，都无法改变命运的安排了。现在，我要和你断绝盟友关系，断绝一切联系，不然的话，我恐怕也会遭遇池鱼之殃。"

现在，我们已经无法查证这个故事的真实性了，因此，我们无法确定这个故事是不是在波利克拉特死后，人们为了给他的一生增加一些戏剧化的色彩而故意编造出来的。但是，如果雅赫摩斯真的有过类似的预言的话，那么，雅赫摩斯的预言很快便会成真了。因为此后不久，我们前面提到的欧瑞斯特与麦特洛巴特的对话便发生了，那时，欧瑞斯特便决定要除掉波利克拉特了。

虽然下定了决心，但是欧瑞斯特却没有勇气和力量公开进攻波利克拉特的城邦，因此，他决定用欺骗的手段来达到自己的目的。

因此，首先，他给波利克拉特写了一封信，信的内容为："波利克拉特，我知道你一直有一个雄心壮志，

第五章 行省

那就是你想独霸地中海。现在呢，我也想参与其中。想想看，你有一支强大的舰队，而我则有数不尽的钱粮，一旦你我结盟，我便可以倾尽全力地供应你，这样一来，我们称霸地中海的道路将会更加容易吧。为了表达我的诚意，以及展示我的能力，你可以派你的亲信来看一看。"

接到信件后，波利克拉特非常高兴，于是，他立刻派了一名亲信充当使者，命他前去波斯求见了欧瑞特斯。当时，为了糊弄即将到来的使者，欧瑞特斯命人在许多箱子里装满了沉重的石头，并在上面撒了一层薄薄的金币或银币，然后，他便命人将这些箱子严严实实地盖起来、绑紧，将其放在国库中。当波利克拉特的使者到达后，他便命人将这些箱子抬出来，当着使者的面打开，让使者过目。在看到箱子里装满了金银财宝后，这个使者便回去了，回去之后，他向波利克拉特报告说："欧瑞特斯所言不虚。"因此，波利克拉特决定亲自走一趟波斯，与欧瑞特斯共同商议、完善他们的宏伟蓝图。于是，他便乘坐他那艘配有五十名桨手的大帆船赶到了波斯。

不过，在波利克拉特出发前，他的女儿似乎有了某种预感，觉得灾难即将来临。于是，她恳求波利克拉特不要去波斯。她说道："父亲，我做了一个极其可怕的梦，这个梦预示着您此行将会遭遇不测。"但是波利克拉特并不在意他女儿的话，后来，见她一直不停时，他甚至呵斥了她。不得已，她只好放弃了，而波利克拉特则登上了他的豪华大船，扬帆起航。

一进入欧瑞特斯的领地，波利克拉特便被欧瑞特斯的人抓了起来，之后，欧瑞特斯便命人杀害了他。杀掉波利克拉特后，欧瑞特斯还命人将他的尸体钉在十字架上，在公共场合示众。而随波利克拉特来到波斯的人也被贬为了奴隶，只有少数几个声望较高的人被放了回去，不过，在放掉他们之前，欧瑞特斯还专门命人将他们侮辱了一番。

另外，欧瑞特斯还以这种奸诈的手段，毫无理由地杀害了另外一些人。不过，只要大流士没有受到直接影响，他就不会专门去管欧瑞特斯做什么的，毕竟，对他来说，能够有效地征收贡赋、上交贡赋的总督才是好总督，只要一个总督能够完成这个任务，那么大流士便会对欧瑞特斯的行为睁一只眼闭一只眼。

但是，很快地，欧瑞特斯的行为越来越变本加厉，造成的影响也越来越坏，已经危及行省的安稳了。这时，大流士便不得不派出一个使者，专门去告诫一下欧瑞特斯了。但是，已经变得骄狂的欧瑞特斯根本不愿意服从大流士的命令，而那个传达大流士旨意的使者也无缘无

波利克拉特的雕像。现藏于俄罗斯一家博物馆

故地消失了。后来，大流士确信，欧瑞特斯杀害了他的使者，并且，他为了掩饰自己的罪行，还搞了一个毁尸灭迹。

到了这种地步，大流士终于决定惩罚欧瑞特斯了。但是，做出决定之后，他还需要仔细琢磨一下什么才是惩罚欧瑞特斯的最好办法。欧瑞特斯管理的行省距苏萨城很远，而且欧瑞特斯在那里经营多年，根基深厚，拥有很强的军事力量。本来，按照法律，欧瑞特斯的士兵是应该服从大流士的号令的，但是，大流士也不确定他的命令对那些人是否有效。可是，如果让大流士征召大军，武力解决欧瑞特斯的话，花费又太大了，而且还有些冒险，得不偿失。最终，在权衡利弊后，大流士决定，首先，他尝试着直接发令指挥欧瑞特斯管辖行省内的军队，如果这个方法无效的话，他便武力镇压欧瑞特斯。

为了选择一个合适的执行人，大流士召集了一部分人，这些人都是他的亲信。大流士说道："现在，我有件事需要你们去做，在这个任务中，我不会给他提供军队，因此，他需要运用自己的智慧和勇气，独立地解决这个问题。欧瑞特斯此人已经犯下了滔天大罪，他不仅在他的行省内横征暴敛、草菅人命，还杀害了我的使者，是可忍，孰不可忍？因此，我想问一下，你们谁能把他抓来？活要见人，死要见尸。"

大流士的话音刚落，下面群情激奋的人便纷纷自荐，最终，有将近30个人愿意听从大流士的调遣。于是，大流士便通过抽签的方式选出了巴格斯。得知自荐被选中后，巴格斯立即开始思考具体的计划，并做好了出发前的部署。

首先，巴格斯求见了大流士，并请大流士下达了许多命令，这些命令的重要程度各不相同，而接受这些命令的人便是欧瑞特斯行省内军队的各级将领。这些命令都非常正式，上面不仅有大流士的签名，而且命令本身还有大流士的印章密封。之后，巴格斯请求大流士任命他为监督这些命令执行的军官。

做完这些准备后，他便带着那些命令前往了欧瑞特斯的行省。见到欧瑞特斯后，他先证明了自己的身份，然后，他拿出了一些不重要的命令。看到这些命令后，欧瑞特斯及其麾下的将领都很乐意服从。与此同时，欧瑞特斯以国王特使的规格接到了巴格斯。在确定欧瑞特斯麾下的将领愿意执行他带来的指令，并且视其为国王的代表后，巴格斯便时不时地拿出新的指令。在这个过程中，巴格斯不仅检验了这些人的忠诚度，又巩固了自己的地位。最后，当巴格斯发现他已经可以牢牢地控制这些将领时,他便拿出了大流士的最后两条指令:第一,大流士罢免了欧瑞特斯的总督一职;第二,大流士命欧瑞特斯麾下的将领们处死欧瑞特斯。

就这样,作恶多端的欧瑞特斯得到了应有的报应,被大流士下令处死了。但是,从欧瑞特斯身上,我们也应该思考,为什么他能够如此肆无忌惮地为害一方呢?

第 六 章

勘察希腊

精彩看点

大流士的功绩——马拉松和滑铁卢——大流士的探险队——向导迪莫塞迪斯——离家出走的迪莫塞迪斯——埃伊纳岛的医生迪莫塞迪斯——在雅典——服务于波利克拉特——被俘的迪莫塞迪斯——迪莫塞迪斯被押到苏萨城——迪莫塞迪斯的思考——大流士受伤——御医束手无策——迪莫塞迪斯被提起——迪莫塞迪斯被带到大流士面前——治疗方式——大流士康复——黄金镣铐——大流士的感谢方式——迪莫塞迪斯的话——大流士命人解除迪莫塞迪斯的镣铐——不同——大流士的王后阿托莎生病了——阿托莎请迪莫塞迪斯诊治——迪莫塞迪斯的条件——阿托莎与大流士——阿托莎的建议——探险队——向导迪莫塞迪斯——大流士的试探——迪莫塞迪斯的应对——出发——西顿城——海路——勘察希腊沿海——抵达塔伦特姆——波斯人被抓——迪莫塞迪斯脱身——波斯人被释放——波斯人在克罗托纳——波斯人返航——返航的遭遇——塞勒斯——终于活着回到波斯了——大流士对情报的重视

第六章 勘察希腊

大流士大帝创造了不下于居鲁士大帝的功绩,比如说他在登基的一年之内,通过 18 次战役平定了波斯国内此起彼伏的叛乱,维护了帝国的统一;比如说他创立了行省制度——行省制度甚至影响到了此后的罗马共和国和罗马帝国;比如说他把印度纳入了波斯帝国的疆域之内[1];比如他在位期间,波斯修建起了一个贯通全国主要地区的交通网络——御道;比如说,他的改革使波斯帝国进入稳定发展的阶段。但是,正如伟大的拿破仑遭遇了滑铁卢一般,伟大的大流士也遭遇了他的滑铁卢——马拉松。虽然马拉松是希腊胜利的代名词,而滑

---

[1] 综合《居鲁士大帝》与本书来看,居鲁士征服了古巴比伦、冈比西斯征服了古埃及、大流士征服了古印度,可以说,波斯帝国的三代君主征服了四大文明古国中的三大古国。——译者注

铁卢是拿破仑失败的代名词,但是,我们也应该想到,拿破仑在滑铁卢的士兵是威灵顿公爵的胜利,而希腊在马拉松的胜利便是大流士大帝的失败。

在远征希腊之前,为了勘探希腊的地形、获得希腊城邦的情报,大流士专门派出了一支探险队去希腊实地勘察,我们这一章的内容便是讲述这次勘察的始末。

这支队伍的向导是迪莫塞迪斯,虽然人们普遍认为他是一位希腊医生,但是,实际上他出生于意大利南端的克罗托纳镇。据他说,他是因为无法忍受父亲的严格管束,所以才离家出走的,但是,这不过是躁动不安、不受约束的年轻人不负责任的借口罢了。小时候,这种人心安理得地享受着父母给予的宠爱和呵护,但是,等到他们羽翼丰满、该回报父母的时候,他们却丢下父母、远走他乡。

为了离家出走,迪莫塞迪斯登上一艘船出海了,后来,他在爱琴海的埃伊纳岛上定居了下来,并以行医为业。他虽然没有接受过正规的训练,但是,很快地,他熟练的医疗技术便使他远近闻名。不久,埃伊纳岛上的人便选迪莫塞迪斯为他们的公职医生,每年给他支付一笔丰厚的报酬,请他负责治疗整座岛上的患者。当时,古希腊有这么一个惯例,即每个城市、每个岛屿或每个

迪莫塞迪斯的画像。绘于19世纪,绘者信息不详

埃伊纳岛是今希腊的一座小岛,位于萨罗尼科斯湾。图为埃伊纳岛的风光。卡尔·罗特曼(1797—1850)绘于1845年

第六章 勘察希腊

地区，都会任命一位医生为公职人员，付给他一定的年薪，请他负责治疗当地的所有疾病。这个公职医生就像现在医院或公立机构的医生一样，哪里有需要，他们便去哪里。

迪莫塞迪斯在埃伊纳岛待了两年，在此期间，他声名远播。后来，雅典以更高的薪水把他请了过去，于是，他又去雅典待了一年。一年之后，我们上一章提及的波利克拉特开出了比雅典人还高的薪水，把他挖到了萨摩斯岛。跟随波利克拉特的那段时间，迪莫塞迪斯的声望达到了鼎盛，被授予了很多荣誉。当时，他是波利克拉特的专人医生，深得他的信任，波利克拉特出访他国时，他总是陪同前往。

后来，如前一章所述，当波利克拉特前往波斯接受欧瑞特斯的金银财宝，与他商议联合称霸地中海时，迪莫塞迪斯也像往常一样陪在他身边。在波利克拉特被杀后，他所有的随行人员都被欧瑞特斯俘虏了，这个不幸的医生也在其中。也正是在那时，迪莫塞迪斯的命运轨迹改变了，之前，他有一个体面的工作，社会地位较高，生活舒适，此后，他却落入了一个残暴、无情、恶毒的总督手中，成为了一个生活悲惨的俘虏。迪莫塞迪斯被关押了很久，后来，当欧瑞特斯被大流士下令处死后，他开始期待自己能被释放，然而他的愿望落空了，不仅如此，更倒霉的是，他的境况变得更加糟糕了。因为大流士的代表巴格斯不问青红皂白，将与欧瑞特斯有关的所有人员都抓起来，将他们押到了苏萨城，因此，迪莫塞迪斯便带着枷锁，被押送到了几千里之外的苏萨城，这下子，他离他的家乡更加遥远了，他返乡的希望也变得极为渺茫。

最后，到达苏萨城时，迪莫塞迪斯身无分文，而且经过千里的跋涉，当时的他满身污秽，另外，更令他痛苦不堪的是，由于语言不通，他无法与当地人交流。因为那里的人根本不清楚他之前的地位，也不知道他的医术是如何的高明，所以，他只能如同其他俘虏一样，戴着枷锁被押送到监狱之中。

其实，迪莫塞迪斯是可以做一些事情，让当地的人们了解到他的为人和他曾经作为医生的声望的，但是他不敢，他觉得："一旦我暴露了我的医术的话，一旦大流士看上了我的医术的话，我可能便被他变成一个永远服务于他的奴隶，那样的话，我便终生不得自由了。而如果我一直这样默默无闻的话，或许还能迎来转机，一旦波斯的政权发生意外的更迭，我说不定就可以重获自由了。毕竟，统治者很有可能会释放一些微不足道、毫

图为绘于十九世纪的波斯帝国首都苏萨城的一处遗址

无价值的奴隶，但是，他们却很难放一个医术高超的奴隶离开。"因此，他便隐藏起了自己的身份，默默地待在苏萨城的牢狱之中，等待着可能出现的转机。

一天，正当大流士纵马驰骋时，前方突然出现意外，于是，他想立刻从马上跳下来，但是却一不小心摔了下来，扭伤了脚踝。见到国王堕马后，他的随从们立刻将他抬回了宫，并迅速召来了御医为他诊治。当时，大流士宫中的御医为埃及人，因为埃及是一个文明古国，各个方面都比较发达，所以埃及周边国家的宫廷中都有埃及医生。然而，大流士宫廷里医术高明的埃及医生却不懂如何治疗扭伤，他们还以为大流士的伤是因为关节错位了，于是，他们便扭动大流士的脚踝，想让错位的关节复位。但是，他们这样做大大增加了大流士的痛苦，还使得大流士的脚踝发炎了。见此情景，那些医生们也不知道该如何是好了，他们想出的所有的治疗方案都只能加重病情。

后来，有人告诉大流士说："之前那批来自萨迪斯的俘虏中有个希腊医生，我建议您将他召来，让他帮您诊治一下。"当时的大流士已经忍受了一周的痛苦了，于是，有点病急乱投医的大流士便决定："哪怕希望渺茫，我也决定尝试一下。"

第六章 勘察希腊

于是,他立刻派人去传唤迪莫塞迪斯,传令官急急忙忙地赶到了苏萨城的监狱。当迪莫塞迪斯见到传令官,听到传令官的命令时,他非常惊讶。当时,毫无思想准备的他,就那么戴着脚镣被带到了大流士面前。几乎所有的国家都喜欢给俘虏戴上脚镣,因为这样一来,俘虏们只能缓慢地、艰难地行走,很难逃跑。

看到迪莫塞迪斯,大流士开口便问:"你是不是个医生,会不会治疗扭伤?"迪莫塞迪斯矢口否认,因为当时的波斯实行的是君主制,如果一个身怀绝技的人想自保的话,他就必须保证自己的能力不暴露,毕竟"匹夫无罪,怀璧其罪"。但是,大流士非常清楚那种做法,所以,他并没有上当。不过,因为连日的病痛,他已经变得残暴、易怒了,所以,他命人将迪莫塞迪斯带下去严刑拷打,直到他承认他是个医生为止。但是,一听到这个命令,因为害怕酷刑,迪莫塞迪斯瞬间便屈服了,他立刻向大流士坦白说他在行医方面有些经验。

之后,迪莫塞迪斯便开始治疗大流士的扭伤,在检查了他的伤势之后,迪莫塞迪斯便确定了之前那些医生使用了错误的治疗方法,于是,他决定用极其轻柔的热敷方式治疗红肿、发炎的脚踝。当时,热敷了不过一会儿,大流士脚踝处的疼痛感便缓解了,疼痛感一缓解,大流士的烦躁感也在消退。不久之后，大流士便睡过去了，要知道，在此前的一个星期里，他因为病痛就没有睡过一个好觉。

很快地，大流士便在迪莫塞迪斯的治疗下康复了。于是，为了感谢迪莫塞迪斯，大流士专门除去了迪莫塞迪斯脚上的那条脚镣，将之换成了两条黄金做的脚镣。这种表达感谢的方式可真是奇怪，与其说大流士在表达谢意，不如说他在侮辱迪莫塞迪斯。但是，实际上，在大流士看来，他的金镣铐就是一种非常严肃、郑重的感谢方式。因为，在被迪莫塞迪斯治好脚伤之后，大流士便决定把他变成自己的御用奴隶，让他专门给自己治疗伤病。因此，在大流士看来，当一个奴隶无法逃避自己的命运时，送给他一双金镣铐，便是对他最大的奖赏了。

迪莫塞迪斯接受了这个礼物，然后以开玩笑地口吻说："大流士陛下，您表达感谢的方式真是太独特了，在我解除您的伤痛之后，您便送给我两条而不是一条金镣铐，准备加倍地奴役我。"

脚伤被治好之后，大流士的脾气也好多了，至少不像之前命人给迪莫塞迪斯上刑时那么易怒了。因此，听到迪莫塞迪斯的这句话后，他便命人彻底解除了锁在迪莫塞迪斯脚上的镣铐。之后，大流士还带着迪莫塞迪斯

出自波斯帝国古都的一块浮雕，上面的人物为大流士

来到了他居住的王国，把他带到了他的妃嫔们面前，并命人当着她们的面介绍了一下迪莫塞迪斯。当那个侍从说到"这位便是解除国王病痛的医生"这句话时，大流士的妃嫔们纷纷拿出了一些金银财宝，将之赏给了迪莫塞迪斯。最后，大流士把一幢豪华的别墅赏给了迪莫塞迪斯，命他住在那里。

迪莫塞迪斯发现，他又可以享受舒适的生活了，他再次拥有了财富，但是，与之前不同的是，他失去了自由。因为，此前，他是希腊的公职医生，现在，他是大流士的奴隶。

大流士登基后，立居鲁士的女儿阿托莎为王后。就在大流士的脚伤被治好之后不久，阿托莎也生病了。不过，因为某些原因，阿托莎并没有告诉其他人她生病了这件事。但是，后来，当他的病情越来越严重时，她便命人请来了迪莫塞迪斯。得知阿托莎的病情后，迪莫塞迪斯说："尊贵的王后，我可以治好您的病，但是，在治疗之前，我想求您答应我一件事，那就是，如果我真的治好了您的病的话，您可以满足我的一个请求。现在，我还不能告诉您我的请求是什么，不过，我可以保证，这件事对您来说轻而易举吗，而且也不会让您蒙受任何损失，因此，我希望您能先给我一个承诺。"

阿托莎与大流士。这幅画描绘了大流士化身幽灵,而阿托莎惊恐地看着。乔治·罗姆尼(1734—1802)绘

阿托莎答应了他的条件,于是,迪莫塞迪斯开始为她治疗。很快地,阿托莎便痊愈了,于是,她便问迪莫塞迪斯:"迪莫塞迪斯,你想让我帮你做什么?"迪莫塞迪斯说:"尊贵的王后,我想请您劝说大流士把目光投向希腊,如果他真的计划远征希腊的话,我希望您暗示他组建一支探察希腊情况的探险队,并任命我为这支队伍的向导,这样一来,我便可以再去看一眼我的故乡了。"

很快,阿托莎便兑现了她的承诺。某次,在服侍大流士时,她抓住有利时机,巧妙地将话题引到了开疆拓土上。她说:"陛下,在您的治理下,波斯已经积累了丰富的资源,拥有了强大的军队,现在,您可以率领着大军轻而易举地征服他国了,当您站在世界之巅时,所有人都必须仰望您啊!"大流士说:"我也正在谋划此事,而且,我已经选好目标了,那就是西徐亚人。"西徐亚人又称斯基泰人,我在《居鲁士大帝》一书中提到过他们,读过那本书的读者应该还记得,居鲁士大帝便是死于与斯基泰人的一支马萨格泰人的战争之中。听到这些话之后,阿托莎便说:"对您来说,征服西徐亚人是一件非常容易的事情,我觉得,您应该把目光放到欧洲,去征服希腊,我觉得这是更加伟大

斯基泰战士

的功业。而且，现在，您的身边便有希腊人，您可以从那些人那里获得希腊的情报，这样一来，您的征服之旅便会一帆风顺了。"

大流士的野心被这些建议点燃了，于是，他立刻着手制定计划。两天后，他召集了一些亲信贵族，命他们组成希腊探险队，并给他们配备了合适的随员，以及旅途中所需的一切。接着，他又叫来了迪莫塞迪斯，让他当这支队伍的向导。

为了掩饰他们勘察情报的真正意图，大流士命他们扮作一伙旅行的波斯贵族。同时，他们的向导迪莫塞迪斯在希腊有着很高的知名度，而且也很熟悉路线。所以，借助这双重掩护，他们坚信，希腊人根本不可能发现他们的真实目的。

在出发前，大流士对迪莫塞迪斯说道："迪莫塞迪斯啊，我建议你带上你在这里的所有财物，当你回到希腊和意大利后，你可以把这些东西当做礼物送给你的朋友们。当你们顺利返回之后，我会赏给你更多的金银财宝的。"

大流士的话看似慷慨，实则暗藏杀机。迪莫塞迪斯明白，一旦他真的带走了他在波斯的所有财物的话，大流士便会猜疑他是否准备一去不复返。虽然迪莫塞迪斯

第六章 勘察希腊

的确是不打算再回波斯了，但是，正因为如此，他的警惕性也更加地高了。听到大流士的话之后，他便立刻回答道："陛下啊，我更愿意把这些财物留在这里，这样，当我返回之后，我便可以第一时间享受波斯的快乐生活了。"

听到这个答复，大流士很满意，因此，他便赏给了迪莫塞迪斯成箱的金币和银币，还赏给了大量的波斯衣物，这些衣物精美而华贵。他命人把这些物品用精美的包装包好，然后，他说道："迪莫塞迪斯啊，你可以带着这些东西荣归故里，将他们分给你在希腊和意大利的朋友。"

虽然如此，但是，当大流士的部下准备远行所需要的物资时，大流士再次召见了队伍中的波斯队伍，他说："除了获取希腊的情报外，你们还有一个任务，那就是严密地看管好迪莫塞迪斯。切记，无论在什么情况下，你们都不准让他单独行动，知道吗？我希望，当你们返回时，他也跟你们一块回来了。"

一切准备就绪后，探险队终于出发了。他们先走陆路，一路向西，来到了地中海东海岸。在到达地中海在亚洲西部最重要的港口之一西顿港口后，他们便购买了两艘三列桨帆船，乘船前往希腊。同时，他们还购买了

西顿港位于地中海东岸,今黎巴嫩南部沿海。图为古代西顿港的遗址。大卫·罗伯茨(1796—1864)绘于1860年

一组浮雕,古代三列桨船,桨手们正在努力地划桨

一艘运输船,运输船上除了运载着他们一路上必须的物资之外,还装有大量的昂贵礼物,这些礼物中,有一部分是大流士赏给迪莫塞迪斯的,还有一部分是大流士准备好,让这支队伍打点旅途中遇到的希腊城邦的。

希腊三面环海,海岸线弯曲而漫长,沿着蜿蜒迂回的海岸,有无数的海岬、半岛和岛屿。在向导迪莫塞迪斯指引下,这支来自波斯的队伍沿着海岸线航行,一路上仔细观察并记录着他们能得到的一切情报——这些情报或来自于他们自己的观察,或来自于当地人的说法。就在这边走边搜集情报的过程中,迪莫塞迪斯逐渐地接近自己的家乡克罗托纳了。

每次靠岸后,当地人都会热情地款待这些波斯人。其实,即使没有迪莫塞迪斯,他们一行人也不会有多少困难,因为当时大流士的威名已经远播到希腊了,因此,希腊人也不愿意因为这支队伍而与波斯交恶。

在希腊海域上逗留了一段时间后,迪莫塞迪斯便引着这支队伍往更远的西方驶去,驶往意大利海岸,并最终抵达了塔伦特姆。塔伦特姆是意大利毗邻希腊的大港口,坐落在一个宽阔的海湾的顶部,这个海湾位于意大利这个靴形半岛的脚掌与脚后跟之间。而克罗托纳,迪莫塞迪斯现在非常渴望回归的故乡,就在塔伦特姆的西

第六章 勘察希腊

南边，如果沿着海岸线行驶的话，大约还有300公里。

不过，就在这时，奇怪的事情发生了，之前一直一帆风顺的波斯人被当地人投进了监狱，当时，塔伦特姆港的人还扣押了他们的船只，并且卸掉了他们船只的船舵，这样一来，波斯人的船便无法出航了。而趁此机会，迪莫塞迪斯离开了，他说他要去看望克罗托纳的朋友。

难道是当地人发现了波斯人的真正意图吗？但是，当地人只是把波斯人抓了起来，并没有伤害或惩罚他们，这完全不像是在对待敌人或者潜在的敌人。难道是迪莫塞迪斯策划了这件事吗？但是，迪莫塞迪斯刚离开，当地人便把那些波斯人放了啊。不仅如此，当地人还把波斯人的船只还给了他们，而船只的船舵也被重新安装了上去。

发生了这样的事情之后，虽然波斯人也很生气，但他们依然记得大流士的命令，所以，他们并没有在塔伦特姆多逗留，而是立刻起航，沿着海岸线向克罗托纳赶去，他们要找到迪莫塞迪斯，并将他带回去。

到达克罗托纳后，这些波斯人终于在当地的集市上找到了迪莫塞迪斯——当时，迪莫塞迪斯正在做演讲。看到迪莫塞迪斯后，这些波斯人立刻跳了出来，让克罗托纳人交出迪莫塞迪斯，他们还威胁道："如果你们不交出迪莫塞迪斯的话,我们的陛下大流士便会带着他的大军前来。"但是,波斯人的威胁并没有让克罗托纳人退缩,他们组织起来,挺身而出,誓要保护他们的同胞迪莫塞迪斯。双方各不相让,最终终于酿成了一场冲突,而最后的胜利者自然是克罗托纳人了。获胜之后,迪莫塞迪斯说道:"同胞们,我的东西还在波斯人的船上,现在,让我们一起去取回属于我们的东西吧。"在将船上的东西搜刮一空之后,克罗托纳人又扣下了波斯人的运输船,之后,他们才放了那些波斯人。

别无选择的波斯人只好返航,其实,他们已经完成了此行的目标了。不过,即使没有完成预定的任务,他们也不得不返航,因为他们的向导跑了,还因为大流士交给他们,让他们打点沿途上下的财物也被迪莫塞迪斯带着克罗托纳人抢走了。在返航前,已经在克罗托纳置办了一座豪宅的迪莫塞迪斯对他们说:"我祝你们一路顺风,另外,请你们帮忙转达大流士,因为我要结婚了,所以我便不回波斯了。"

但是,在归途,波斯人的麻烦接踵而至。首先,因为风向的问题,他们被吹到了雅庇吉亚——雅庇吉亚位于意大利那个靴形半岛的脚后跟处。在雅庇吉亚靠岸后,当地的居民抓住了他们,把他们当做奴隶使唤。虽

第六章 勘察希腊

然那地方是一个野蛮之地,但是,当时,那个地方还是有一个富有且有教养的人的,这个人叫塞勒斯,此前,因为政治纷争,他被塔伦特姆的人流放到了这里。

听说了这些波斯人的故事之后,塞勒斯便决定帮一下他们。当然了,与其说他对这些波斯人感兴趣,不如说他对大流士感兴趣。他想:"如果我能够救出这些波斯人,并把他们送回波斯的话,说不定我便能够获得大流士的青睐。而一旦获得大流士的帮助,我便可以轻松地返回我的故乡了。"因此,他赎出了这些波斯人,并

一名手握长矛的波斯人。绘于19世纪

帮助他们返回了波斯。虽然向导跑了，财物被抢了，原先的船只也丢了，但是，当这些波斯人听到他们可以返回波斯时，他们立刻喜极而泣，大喊道："终于能够活着回到波斯了！"

不过，在回到波斯之后，他们又开始担惊受怕了，因为他们让迪莫塞迪斯跑了，所以他们担心大流士这个无情的暴君会不会惩罚他们。但是，这一次，大流士非常地宽宏大量，不仅没有追究他们，还以隆重的仪式，像欢迎英雄一样，迎接了他们。从他们口中得知了塞勒斯的情况之后，大流士又立刻给予了他丰厚的回报。

此后，虽然因为某些原因，大流士并没有立刻远征希腊，但是，他依然非常看重这次获得的情报。

平定巴比伦城的叛乱

精彩看点

巴比伦城——巴比伦叛乱——骡子生下小马驹——佐皮洛斯——佐皮洛斯与大流士的对话——苦肉计——佐皮洛斯进入巴比伦城——三战三捷——佐皮洛斯镇守巴比伦城的某个城门——一将功成万骨枯——帝王眼中的人命——巴比伦城的陷落——大流士对巴比伦的惩罚——佐皮洛斯的耳朵

第七章 平定巴比伦城的叛乱

巴比伦城是一座富有而壮丽的城市,古巴比伦王国、新巴比伦王国等都曾建都于此,而波斯帝国的缔造者居鲁士在征服巴比伦后,更是将它作为了波斯帝国的首都之一。但是,虽然如此,居鲁士还是更喜欢苏萨城,所以,巴比伦的地位一直在苏萨城之下,这让巴比伦人很不满。在巴比伦人的眼中,巴比伦是全世界最庄严、最宏伟的城市。因此,心怀不满的巴比伦人准备策划叛乱,推翻波斯人的统治,恢复巴比伦城的荣誉和地位。

波斯内乱期间,巴比伦人便抓紧机会完善他们的计划:他们加强了巴比伦城的防御体系,囤积了大量的粮草,还有目的地调整城中的人口比例,采取措施减少战争期间的无用人口。

秘密准备好这一切之后,巴比伦人终于等到了一个适当的机会。当时,大流士应叙罗松之邀,派兵助其回国夺取最高统治权。叙罗松是波利克拉特的弟弟,当波利克拉特篡夺了萨摩斯岛的最高权力之后,他便放逐了这个具有极大威胁的弟弟。叙罗松不得不逃往波斯,在冈比西斯远征埃及的时候,叙罗松和大流士都在远征军中,据说,叙罗松与大流士还有赠袍之恩。

趁着国王的军队被大量地派往了小亚细亚,巴比伦人发动了叛乱。得知巴比伦的叛乱之后,大流士怒不可遏——在古代,叛乱是最令君主愤怒的事情之一。于是,大流士召集大军,浩浩荡荡地开到了巴比伦城下,准备一举平定叛乱。但是,巴比伦人却紧闭城门,不与大流士的大军正面交锋。不仅如此,对巴比伦城的防御工事特别有信心的巴比伦人还在城墙之上做出各种挑衅的动作,肆无忌惮地挑逗波斯人。更有甚者,有些人还专门嘲讽大流士,说大流士是篡位者。

城墙上的巴比伦人不断地侮辱、嘲笑他们的敌人,更有人站在城墙上说道:"你们还是从哪里来,就滚回哪里去吧,除非骡子能生小马驹,否则你们是不可能攻下巴比伦城的。"众所周知,骡子是不可能生下小马驹的,所以,巴比伦人的意思就是说波斯人是不可能攻克巴比伦城的。但凡事都有例外,而巴比伦人则很不幸

巴比伦城复原图,根据近代考古发现绘制而来。威廉·辛普森(1823—1899)绘

地遇到了这个意外。当时,大流士的军中有一个名叫佐皮洛斯的将领,他想出了一个办法,终于"让骡子生出了小马驹"——帮助大流士攻克了巴比伦城。

当时,大流士的大军已经在巴比伦城下耽误一年多了,虽然他们将巴比伦城围得水泄不通,但是,这一年多来,他们毫无进展。不过,就在此时,佐皮洛斯灵光一闪,想到了一条妙计。于是,他急忙赶到了大流士的大帐之中,开口问道:"陛下,您真的想攻陷巴比伦

佐皮洛斯的头部画像

第七章 平定巴比伦城的叛乱

城吗？您真的能够为此而付出任何代价吗？"

大流士说道："是的，我现在就想进入巴比伦城。"

听到这些话后，佐皮洛斯瞬间便意识到，如果他能够帮助大流士实现这个愿望的话，那么他将获得大流士的青睐。于是，佐皮洛斯说出了自己的计划，他说道："陛下，最坚固的堡垒都是从内部攻破的，因此，我想到了这么一个计划。首先，我会割掉自己的双耳、剃掉自己的头发、划破自己的脸，再让人将我打得遍体鳞伤，总之，我会尽可能地将自己弄得很惨，给人一种我受到了酷刑的感觉；第二，我需要您配合一下我，好让我顺利打入巴比伦城的内部……"

听到这些话之后，大流士立刻站了起来，阻止了佐皮洛斯继续说下去，但是，在佐皮洛斯的再三请求下，大流士最终还是同意了他的计划。于是，他们君臣二人配合着演了一出苦肉计。

遭到大流士的"非人"刑罚之后，佐皮洛斯找个一个机会"逃"出了大流士大军的营地，偷偷地往巴比伦城下"逃"去，同时，他还不断地回望，似乎在担心追兵一样。就在他快到达巴比伦城下时，波斯大营之中冲出了一队骑兵，这支骑兵快速地向巴比伦城冲来，似乎想把佐皮洛斯抓回去，或者将其当场格杀。

于是，佐皮洛斯大喊道："巴比伦人，我是佐皮洛斯，我因为劝说大流士解除对巴比伦城的包围而被他惩罚，现在，波斯人的追兵想抓我回去，求你们帮帮我吧。我非常清楚大流士的军事部署和他的用兵习惯，因此，如果你们救了我的话，我可以帮你们击退大流士。"听到这些话之后，巴比伦人立刻打来了城门，将伤痕累累的佐皮洛斯接了进去，而看到他身上的伤势之后，巴比伦人便差不多信了他之前所说的话。

不一会儿，那队波斯骑兵来到了巴比伦城下，开口威胁巴比伦人："巴比伦人，我命你们交出之前接进城

波斯骑兵

第七章 平定巴比伦城的叛乱

的那个人,那人得罪了我们的君主大流士,如果你们敢帮助他的话,破城之后,你们将会迎来大流士陛下更加残酷的惩罚。"听到波斯骑兵的话之后,巴比伦人又信了三分佐皮洛斯所说的话。

于是,巴比伦人再次在城墙上辱骂了一番波斯和大流士,并很干脆地拒绝了波斯人的要求。而已经进入城门的佐皮洛斯则开始恶狠狠地诅咒大流士,他说:"此仇不报,誓不为人。巴比伦人啊,等我的伤势痊愈之后,我会以实际行动报答你们的。"听到这些话,巴比伦人几乎已经完全相信了佐皮洛斯。

就这样,大流士和佐皮洛斯的苦肉计成功地骗过了巴比伦人,佐皮洛斯被巴比伦人"救"回了巴比伦城。

一段时间之后,当佐皮洛斯的伤势好得七七八八之后,他便主动请缨道:"首先,我非常感谢你们救了我的性命,现在,我想以实际行动报答你们。我看到你们的某个城门外驻扎着一支1000人的波斯军队,我想请你们给我一支小分队,我帮你们击溃这支波斯军队。"

巴比伦人觉得一支几百人的军队根本无法在城内掀起什么风浪,再说了,他们也想看看佐皮洛斯是否如他所说的那般有价值,于是,他们便同意了佐皮洛斯的请求。接着,佐皮洛斯便率领着这支部队冲出了城门,杀向了城门外的波斯军队。这支波斯部队毫无防备,虽然他们人数占优,但是,很快地,他们便被佐皮洛斯率领的巴比伦军队杀得大败。波斯军队溃退之后,佐皮洛斯率军凯旋,巴比伦人尽皆看到了这场胜利,因此,当佐皮洛斯进城的时候,他们全都大声地欢呼起来,像欢迎一个英雄一样欢迎佐皮洛斯。

十天之后,能够统率更多军队的佐皮洛斯再次出击,击败了另一支 2000 人的波斯军队。接连两次胜利帮助佐皮洛斯赢得了声望,于是,再次凯旋的他被巴比伦人授予了更大的权力。二十天之后,他第三次出击,这一次,他击溃了一支 4000 人的波斯军队。三连胜之后,整个巴比伦城都沸腾了,最终,佐皮洛斯成为了巴比伦城的一个守门官,顺利地接管了巴比伦城的某个城门。

到此,佐皮洛斯的目的终于达到了,原来,之前那三次战役全都是佐皮洛斯和大流士计划好的,他们这么做的目的就是为了让佐皮洛斯取得巴比伦人的信任,然后顺利接管巴比伦城的某个城门,为接下来的事情做准备。

至于那三次战役中遭遇失败的七千波斯人——在溃逃中,七千人死伤大半,无论是大流士还是佐皮洛斯,都是不在乎的。在他们的眼中,一将功成万骨枯,这些士兵并不重要,重要的是这个计划能否成功。在古代,

第七章 平定巴比伦城的叛乱

很多时候,帝王都是视人命如草芥的,对他们来说,活生生的人恐怕还不如战争清单上的数字重要。

时机成熟之后,大流士命大军压上,开始猛攻巴比伦城。而正当巴比伦人登上城头抵抗波斯人,与波斯人战得难分难解的时候,他们发现一支波斯人集中涌向了佐皮洛斯镇守的城门。更令巴比伦人吃惊的是,那支波斯军队涌到城门之下后,几乎没费什么功夫,他们便"攻下"了城门,长驱直入,直接涌进了巴比伦城。当时,巴比伦人终于明白了,原来佐皮洛斯演了一出苦肉计了。悲愤让巴比伦人的抵抗更加坚决,但是,没有了城墙的帮助,他们根本不是波斯人的对手。最终,巴比伦城落入了大流士的手中。

攻克巴比伦城后,大流士破坏了巴比伦城的城墙,拆掉了巴比伦城的城门,大肆屠杀城内居民,还把3000人钉在了十字架上。之后,在任命了新的巴比伦总督之后,大流士便班师回朝了。

在此,我不得不提及这么一件事,大约百年前,巴比伦王国的国王尼布甲尼撒二世曾经攻陷了耶路撒冷,并将那里的犹太人掳至巴比伦。当时,犹太人的某个先知便曾预言说:"七十年后,巴比伦之囚便能返回故乡,之后,巴比伦城将被毁灭。"后来,居鲁士征服了巴比

尼布甲尼撒二世为巴比伦王国国王,伟大的政治家、军事家、战略家。他于公元前586年攻陷耶路撒冷,将犹太的国王、贵族及一般居民掳至巴比伦尼亚,史称"巴比伦之囚"。图为尼布甲尼撒二世焚毁耶路撒冷,虏获犹太人。绘于1904年,绘者信息不详

第七章 平定巴比伦城的叛乱

伦，释放了巴比伦城内的犹太囚徒，犹太先知的第一个预言实现了，我曾在《居鲁士大帝》一书中讲述了此事；现在，大流士毁掉了巴比伦城，犹太先知的第二个预言也应验了。

回到苏萨城之后，大流士授予了佐皮洛斯无上的荣誉，给予了他大量的赏赐，另外，每当看到佐皮洛斯那失去的双耳之后，大流士总是情不自禁地说："如果20座巴比伦城能够换回佐皮洛斯的双耳的话，那我会毫不犹豫地拿20座巴比伦城来交换。"

第八章

远征西徐亚

精彩看点

大流士决定远征西徐亚人——阿塔巴鲁斯的谏言——大流士一意孤行——大流士命使者传令各行省——浮桥——远征军的兵员来源——奥巴祖斯的故事——大流士率军穿过小亚细亚——纪念碑——抵达博斯普鲁斯海峡——大流士对芒德洛克列斯的奖赏——浮雕——库阿尼恩群岛——大流士看到的壮观景象——两座纪念碑——铭文——大流士的计划——海军的任务——希腊人的军事天赋——海军出发——陆军出发——喷泉与小溪——色雷斯人的故事——石头堆——抵达多瑙河——大军顺利过河——大流士拆掉浮桥的命令——希腊将领的建议——浮桥被保留下来——守卫浮桥的爱奥尼亚人——派卫兵保护它——计算日子奇怪的方式——用这种方式的可能原因——大流士的自信

第八章 远征西徐亚

在远征希腊之前,大流士先发动了另一场战争,与西徐亚人开战了。而读过《居鲁士大帝》一书的读者应该还记得,居鲁士便是在与西徐亚人的一支马萨格泰人战斗时阵亡的。

大流士要征伐的部落位于多瑙河以北,距离波斯很远,波斯大军必须先穿过小亚细亚,再渡过达达尼尔海峡或博斯普鲁斯海峡到达色雷斯,然后从色雷斯渡过多瑙河。

阿塔巴鲁斯是大流士的弟弟,他认为,此次远征不仅路途遥远,危险重重,而且西徐亚毫无价值可言,即使大流士旗开得胜,凯旋归来,也完全不能弥补远征所花费的精力、成本以及面对的危险。但是,大流士一意孤行,根本不听他弟弟的建议,继续为远征做准备。

大流士大帝

首先,大流士派出使者前往他的军队将会经过的那些地方传令,命这些地方的人提前做好准备,好让他的大军顺利地通过。为了渡过博斯普鲁斯海峡,大流士还找来了一个来自萨摩斯的工程师芒德洛克列斯,命他在卡尔西登设计并监制一座用船只串联起的浮桥。另外,大流士又命各个行省提供军队,加入远征军。

这支远征军中的士兵或是自愿入伍,或是被强行征来。自愿入伍之人大多是渴望在战场上杀敌立功之人,而那些被强征入伍的人也不敢反抗大流士的命令,不得不背井离乡,踏上征途。下面这个故事说明了请求豁免兵役的危险性,很好地解释了为什么那些被强征入伍的人不敢反抗的原因。

当时,波斯有一位名叫奥巴祖斯的老人,他的三个儿子都被强征入伍了,但是奥巴祖斯不愿意独自一人度过垂暮之年,于是,他就请求国王允许他的一个儿子留在家里陪伴他。表面上,大流士很和善地答应了奥巴祖斯的请求,他对奥巴祖斯说道:"你这个请求很合理、也很周全,因此,我决定了,我要让你的三个儿子全都留下来陪你。"听到这个答复后,奥巴祖斯大喜过望,于是,他立刻辞别了国王,回到了家中。但是,让人没想到的是,奥巴祖斯前脚刚走,大流士就命人处死了奥

波斯军中的士兵

巴祖斯的三个儿子,并将他们的尸体送到了奥巴祖斯的家中。大流士还命使者告诉奥巴祖斯说:"现在,大流士陛下不仅将你的三个儿子还给了你,而且还永远地豁免了他们服兵役的义务。"

大流士率领七万大军气势浩荡地穿过小亚细亚,向博斯普鲁斯海峡前进。不过,波斯大军的行军速度很慢,因为大流士命随军工程师和建筑师到处修筑纪念塔和纪念碑,还让人在这些纪念塔和纪念碑上镌刻文字,而文字的内容大多为热情洋溢地赞美这次远征的领袖大流士的话。最后,当波斯大军到达博斯普鲁斯海峡沿岸的集结地卡尔西登,即博斯普鲁斯海峡沿岸,芒德洛克列斯搭建浮桥的地方后,那里很快便热闹了起来。当时,成千上万的骑兵和步兵排着整齐的队伍浩浩荡荡地走向海岸便,他们的旗帜猎猎飞舞,他们的武器在阳光的照耀下闪闪发光。

波斯大军抵达之后,大流士命士兵在岸边扎营,支起了一排排帐篷。因为他们即将离开波斯,踏上一个陌生的地方,即将面临新的、未知的危险,应对凶残而充满敌意的野蛮部落,所以大流士命大军在那里稍作停留,稍事休息,而大流士也准备召集自己的部下,再次仔细地考虑一下既定计划。

第八章 远征西徐亚

当时,浮桥已经修筑完成,而且还有 600 艘爱奥尼亚人的船只停泊在附近。这座桥坐落于 30 公里长的博斯普鲁斯海峡中部,距黑海约 15 公里。大流士亲自视察了桥梁,非常满意的他高度赞扬了芒德洛克列斯的高超技术,授予了他极高的荣誉,并给了他大量的赏赐。为了纪念浮桥的竣工,为了凸显大流士的功绩,芒德洛克列斯就用大流士赏赐的钱,雇佣艺术家制作了一组浮雕。在这组浮雕中,大流士端坐在宝座上,正看着他的大军借助浮桥跨过博斯普鲁斯海峡。

见到这组浮雕之后,大流士非常高兴,因为他们这个高明的方式既纪念横跨博斯普鲁斯海峡的桥梁的建成,又赋予他极高的荣耀,于是,他再次赏了芒德洛克列斯一大笔钱,也赏赐了制作浮雕的艺术家。

库阿尼恩群岛位于博斯普鲁斯海峡的入海口,这些岛屿非常有名,如果你能够登上岛屿,登顶岛上的山崖的话,俯瞰时,你便可以看到风景如画的群岛,极目远眺时,你便能够看到黑海那一望无际的蔚蓝色海水。当时,大流士便决定趁着军队休整的时间,去那片群岛转一转。于是,他命人准备了一艘非常壮观的大船,登上船只之后,他命人划船,沿着博斯普鲁斯海峡航行,到达黑海的入海口,并登上了其中的一座岛屿。那座岛上有座神庙，神庙中供着一位希腊神话中的神灵。大流士在侍从和亲卫的陪同下，拾级而上，来到神庙前，坐到一个专门为他准备的座位上。坐下之后，他放眼远眺，黑海那一望无际的海水尽收眼底。

后来，当大流士回到桥边时，他发现准备工作已经接近尾声了。这时，他突然决定，在离开亚洲之前，他要在大军最后出发的地方树立一座纪念碑来纪念他的远征。于是，他命人树立起了两个白色的大理石石柱，并在上面刻上铭文，记录这次远征的一些细节。通过解读那些铭文的内容，我们可以知道有哪些行省、民族的军队参与了这次远征，还可以清楚地了解到每个行省、每个民族派出的兵力，更从中发现了一些有关船队的记录。最后，作为这次远征的领袖，大流士的名字刻在了非常醒目位置。

虽然两个柱子上的铭文内容是一致的，但是它们所用的文字却不同：一个石柱上使用的是波斯帝国通用的楔形文字，另一个石柱上则是希腊字母。可见，这两个石柱是专门为亚欧两洲的人准备的。

终于到了出发的日子了，大流士决定兵分两路，一路走陆路，一路走海路。走陆路的是大流士的主力部队，他们通过芒德洛克列斯搭建在博斯普鲁斯海峡上的

波斯军中的轻装盾牌兵

浮桥，由陆路穿越色雷斯，向多瑙河进发。走海路的则是生活在小亚细亚爱琴海沿岸的爱奥尼亚人，他们在大流士的命令下建造并装备了船队，组建了一支海军。这支部队将搭乘战舰经博斯普鲁斯海峡进入黑海，抵达多瑙河河口，并沿着多瑙河逆流而上，抵达某个指定地点。到达目的地后，他们还要登陆，并在那里搭建桥梁。

提出这个计划的是希腊人，这表明了希腊人的军事天赋和才能名不虚传。不过，按照这种部署，在大部队到达多瑙河河岸之前，海军的士兵们必须将多瑙河上的桥搭好。不过，因为海路要远比陆路便捷，所以，如果不出意外的话，海军可以很轻松地完成这个任务。

首先出发的是海军，他们扬起风帆，经过博斯普鲁斯海峡进入了黑海，然后沿着黑海西海岸一直到达多瑙河河口。接着，他们从多瑙河的一条支流进入多瑙河，逆流而上，经过两天的航行后，终于抵达多瑙河的主河道。到达目的地后，海军便开始登陆，成功登陆后，他们立刻分成了两拨，一拨负责护卫，一拨人则负责串联船只、搭建浮桥。

当海军扬帆起航时，大流士的陆军也开始过桥。他们从陆路上经过色雷斯，向着多瑙河挺进。在进军途中，他们来到了这么一处地方，这里有三十八眼喷泉，是汇

第八章 远征西徐亚

入爱琴海的铁阿罗斯河的源头。这些或温或凉的泉水汇合到一起,组成了一条清澈的小溪,溪水纯净而又甜美。大流士非常喜欢这条溪流,因此,当波斯军队在那里停驻、休息、饮水时,他命人就地立了一块纪念碑,并在上面刻上记录此次远征的碑文,当然了,同时,他也没忘夸奖一下这条溪流。

另外,在穿越色雷斯的时候,大流士听到了这么一个故事:我们这里的某个国王想统计一下王国的人数,于是,他命王国中的每个人都向他提供一个箭头。后来,当他的部下把所有的箭头都收集上来之后,他便命人统计了一下箭头的数量。就是通过这个方式,这个国王准确地统计出了他王国的人数,而那些堆积如山的箭头也被当做了一个纪念堆。或许是这种原始的统计方式启发了大流士,因此,他也想用石头堆一个纪念堆。这种纪念堆类似苏格兰和瑞典的山区的石冢,在那些地方,人们会在某个发生过事故或灾难的地方堆起一个石冢,而且,过往的行人也会在路过的时候自发地往上面添加一两块石头,慢慢地,石冢便会越来越大。产生这个想法之后,大流士便在他大军的营地附近选了一个合适的地点,命每个士兵往那里扔了一块石头,很快地,那里便出现了一个很大的石头堆。这个石头堆不仅是他的大军在此驻扎的见证，而且石头堆里的石头数量还暗示着他这支大军的人数。

当大流士的军队抵达多瑙河河岸的时候，爱奥尼亚人已经按照计划完成了浮桥的搭建工作。之后，因为没有敌人的阻挠，波斯大军很快便通过了多瑙河。进入西徐亚人的领地之后，波斯人立刻进入了战斗状态。这时，大流士下令拆掉浮桥，因为他觉得留守浮桥太麻烦了，所以他想带领全军出发。

不过，在大流士的命令刚刚下达，还没有来得及执行的时候，一位来自小亚细亚行省的希腊将领求见大流士。见到大流士后，他说道："陛下啊，我觉得，我们应该保留浮桥，我认为这是一个更为稳妥的办法，说不定，当我们班师的时候，它还可以发挥作用呢。我相信，我们一定能够正面击败西徐亚人的，但是，您也知道，他们是游牧民族，居无定所，因此，我们很难抓住他们的主力，这种情况下，后路的畅通便很重要了。另外，如果我们成功地征服了他们，那么，这座浮桥便能够让我们方便地与河对岸的国家、民族保持公开、自由的交流，这对我们在此的统治很有帮助。至于桥梁的守卫工作，我觉得您可以把它交给修筑此桥的爱奥尼亚人"

最终，大流士采纳了他的建议，收回了之前拆桥的

西徐亚人生产、生活的场景。尤金·德拉克罗瓦（1798—1863）绘于1862年

命令，并命爱奥尼亚人留在在河边守卫浮桥。当时，大流士给他们的命令是让他们守卫两个月的时间，他说："如果两个月之后，我还没有率军班师的话，或者说，你们还没有接到我的任何消息的话，你们的任务便结束了，到时候，你们可以自由地乘船离开。"

同时，为了保证他们计算时间的方法不出差，大流士给他们留下了一根打了60个绳结的绳子，他说："你们每天解开一个绳结，当这根绳子上的绳结全部解开时，你们的任务便算完成了，到时，你们便可以返回自己的家乡了。"

既然大流士有能力组织起一支七万的大军去远征，还拥有能够在博斯普鲁斯海峡和多瑙河上搭建浮桥的技术，那么，他为什么会用如此幼稚的方法进行军事部署，给守卫浮桥的爱奥尼亚人留下这么一个简单的绳结呢？首先，我们必须了解到，两个月的时间看似短暂，但是对于必须守在桥边的爱奥尼亚人来说，对于必须等待已经进入了未知前方的大军的爱奥尼亚人来说，60天并不短暂，而且期间可能会发生各种各样的意外。第二，我们也必须清楚这么一件事，那就是，虽然古代的名将们足智多谋、意志坚定，但是普通的士兵们却大多头脑简单，甚至有些幼稚。因此，绳结这么一个虽然简单，但

波斯军中的重装盾牌兵

是清晰明了的方式是最适合他们感受到时间的，只有每天看到这个绳子，每天看到一个绳结被解开，他们才能清楚地感受到时间的流逝，清楚地意识到他们还没有被抛弃，这样一来，守卫桥梁的士兵们的孤独感便会减轻甚至消除，他们才能静下心来执行任务。

另外，自信的大流士坚信，他一定会在爱奥尼亚人完全解开绳结之前凯旋的。

第 九 章

西徐亚大撤退

精彩看点

西徐亚人得到了大流士率军前来的消息——他们开始寻找盟友——唇亡齿寒——游牧民族西徐亚人——他们的战争方式——坚壁清野——袭扰战术——一无所获的大流士——大流士给英达塞苏斯的战书——英达塞苏斯的答复——西徐亚人的骑兵——驴子——来到多瑙河的西徐亚分队——西徐亚人和爱奥尼亚人的协议——西徐亚人改变战略——西徐亚人的奇怪礼物——大流士的理解——大流士麾下众人的理解——西徐亚人准备决战——一只野兔引发的混乱——波斯大军的困境——秘密撤退的准备——大流士率军秘密撤离——投降的波斯人——西徐亚人开始追击——多瑙河边的爱奥尼亚人——假装拆除浮桥——逃过一劫的大流士与波斯大军——大嗓门的作用——失败者大流士率军渡过多瑙河——远征结束

第九章 西徐亚大撤退

当大流士的大军渡过多瑙河边时，西徐亚人也得知了波斯大军即将到来的消息，于是，意识到危险的他们立刻向周边所有的部族派出了使者，准备寻求盟友。他们对邻居们说："我们应该联合起来对抗波斯入侵者，不然的话，一旦波斯的国王大流士征服了我们这里的任何一个部族，他便可以以之为跳板，攻击我们这里的其他部族。"的确，那个地区的各个部族就像唇和齿的关系一样，一旦某个部族被大流士征服了，那么其他部族便暴露在了大流士的兵锋之下，唯一不同的是，距离近的部族先遭遇大流士的大军，距离远的部族后遭遇大流士的大军。

虽然一些部族赞同西徐亚人的说法，并且答应与他们结盟，但是仍然有一些部族对西徐亚人的警告置若罔闻，他们说："这只是你们与波斯之间的战斗，我们并不想参与这样的战斗，因为我们不想被强大的波斯惦记上。"虽然很愤怒，但是西徐亚人也无可奈何，于是，他们便与那些同意结盟的部族联合了起来，商议如何应对波斯的大军。

西徐亚人是游牧民族，因此，他们的领地虽然广阔，却多为绿草如茵、景色怡人的草原，也就是说，他们的领地内只有很少的土地种植了庄稼。另外，游牧民族几乎不会建立城镇和村庄，即使有，重要性也不如农耕民族。因此，西徐亚人便采取了适合本身情况的战争模式：当大流士的波斯大军缓缓逼近时，他们便一路后撤，同时坚壁清野，要么带着、要么烧掉可以为波斯人所用的东西，让波斯人无法就地获得补给；同时，他们还组建了一支轻骑兵，这支轻骑兵的主要任务便是紧紧盯着大流士的大军，随时给西徐亚人的大部队提供波斯大军的动向，另外，如果有机会的话，他们还要袭击波斯大军的侧翼和后方，而且，如果有波斯士兵落单的话，他们便冲上去杀死或俘虏这些人。

通过这种方式，他们挫败了波斯人妄图通过决战歼灭西徐亚人主力的计划，另外，因为坚壁清野的实施，波斯人的补给也出现了困难，还有，因为那支轻骑兵的

西徐亚人是游牧民族,以强大的骑兵著称。图为西徐亚人的骑兵,绘者信息不详

大流士大帝

不断骚扰，他们便如达摩克利斯之剑[①]一般，悬挂在波斯大军的头上，让波斯人不得不持续地保持警惕，难以安稳、难以休息。

更有甚者，当波斯人紧追不舍时，西徐亚人便有步骤地后退，将波斯大军引到他们邻居的领地上。这些邻

一组残破的浮雕，上面的人物为西徐亚人，出自波斯古都波斯波利斯

[①] 达摩克利斯之剑是希腊神话中的一个故事，用来表示时刻存在的危险。——译者注

第九章 西徐亚大撤退

居都是那些不愿意和他们西徐亚人结盟的部族,所以西徐亚人便借着这个机会,把战争与灾难转嫁到他身上。很快地,大流士便发现了,这么长时间以来,他居然一无所获,于是,他决定正式向西徐亚人下战书。

于是,大流士便派使者找到了西徐亚人的首领英达塞苏斯,向他下了战书,并让使者转达了这么几句话:"愚蠢的人啊!你还打算将这种荒唐的做法持续多久?做出选择是你义不容辞的责任。如果你认为你们西徐亚人有能力与我的波斯大军一战的话,那就停下了,别再东躲西藏了,让我们正面战一场;如果你认为你们西徐亚人不是我波斯大军的对手的话,那么,你就应该投降于我,服从我的统治。"

西徐亚人的首领英达塞苏斯回复道:"我们没有理由与你正面战斗,因为到目前为止,你的波斯大军并没有真正地伤害到我们,而且,在我看来,你的波斯大军根本没有能力伤害到我们。首先,我们没有你们可以占领或抢劫的城镇或农田,因此,你只能率领你的波斯大军在我们西徐亚人的领地上游荡,而且,只要你喜欢,你可以继续率领你的大军游荡下去。好了,我来告诉你一个秘密,如果你能够找到我们祖先的墓地的话,如果你想要破坏我们祖先的安眠之所的话,那么,我们肯定会让你和你的波斯大军见识到我们的战斗力。虽然你可以率领着你的波斯大军前往任何你想去的地方，但是，我们西徐亚人绝对不会承认你的领导、服从你的统治。"

尽管西徐亚人拒绝与波斯人正面交锋，但是，他们还是抓住一切时机，时不时地趁着波斯人放松警惕的时候偷袭他们的营地。进行偷袭时，西徐亚人的骑兵效率很高，而且总是非常成功。不过，有时候，他们也会遭遇一些意外的失败，而失败的原因却非常的奇怪。当时，为了运输军队的帐篷和行李，波斯人从欧洲征集了很多驴子。众所周知，当驴子感到兴奋，或感知到危险时，它们会习惯性地发出非常骇人的叫声。当然了，事实上，它们能做的也只有这些了，毕竟黔驴技穷嘛。可是，虽然西徐亚人的战马可以毫无畏惧地面对长矛和标枪，无视人类的大喊大叫声，但是，每次接近波斯阵营时，一旦听到了波斯大营中传来的那怪异的驴叫声，它们就会吓得落荒而逃。虽然在危险时让驴子发出叫声以避免危险，是一种极为荒唐的方法，但是，当时，这种方式却非常有效，至少，对西徐亚人的战马非常有效。结果，大流士，这个波斯帝国的君主，居然要凭借驴子的叫声来防御那些粗鲁野蛮的西徐亚人可能的进攻。

就在西徐亚人的大部队与大流士的波斯军队在内陆

西徐亚骑兵战斗的场景。维克托·瓦斯涅佐夫(1848—1926)绘于1881年

周旋的时候，他们的一支小分队已经来到了多瑙河附近。原来，他们已经得知了大流士是如何渡过多瑙河，以及他在多瑙河那里的浮桥了，他们这支小分队便是准备占领那座浮桥的。后来，当那支西徐亚人的部队来到浮桥前，与爱奥尼亚人打过照面之后，他们更是得知了大流士离开前与爱奥尼亚人的约定，还知道两个月这个守卫桥梁的时间。于是，西徐亚人告诉爱奥尼亚人说："如果你们真的严格遵守大流士的命令的话，那么，两个月的时间一到，你们就应该拆掉浮桥，乘着你们的船只顺流而下、离开这里。如果你们承诺，到时你们会拆掉浮桥、主动撤退的话，那么，我们可以等上一段时间，而且，我们保证，这段时间我们不会攻击你们爱奥尼亚人的。"

鉴于与大流士约定的时间快到了，所以，爱奥尼亚人答应西徐亚人说："好的，反正大流士给我们规定的两个月的时间也快到了，你们放心吧，时间一到，我们就会主动离开的。"

得到爱奥尼亚人的肯定答复后，这支西徐亚小分队便派人将这个消息报告给了他们的大部队，因而，西徐亚人决定改变战略。之前，为了让波斯人早早离开他们的领地，他们使用了坚壁清野的办法，还以骑兵不断地骚扰波斯大军，处处阻挠他们前进。而现在，他们决定

第九章 西徐亚大撤退

采取诱敌深入的办法,适当地改善一下波斯人的外部环境,给他们一些希望,让他们尽可能长地滞留在自己的领地上。首先,他们与波斯人进行了一些小规模的战斗,并且让波斯人在战斗中占据上风,有所收获;另外,他们还会时不时地给波斯人"送去"一些牛羊,让他们补充一下物资,改善一下生活。这让波斯人大喜过望,他们觉得命运之神开始眷顾他们了。

出土的西徐亚人战斗场景的黄金饰品,现藏于俄罗斯圣彼得堡历史博物馆

这种情况持续了一段时间之后，一天，波斯大营里来了一位西徐亚人的使者，他说："我们的首领让我给大流士送一些礼物来。"于是，波斯人便带着这位使者来到了大流士的营帐，让这个西徐亚人的使者进献了礼物。西徐亚人的礼物是一只鸟、一只老鼠、一只青蛙和五支箭。在看到这些东西后，大流士便开口问道："西徐亚人，你们这是什么意思？"那个使者回答道："我也不清楚他们的含义，因为我接到的命令便是把它们送到你们这里，然后回去复命。"听到这个回答后，大流士便放这个使者离开了，大流士明白，现在他必须集中自己手下的人，运用自己的智慧找出这些礼物的寓意了。

西徐亚人的使者走后，大流士便召来了手下，与他们一起商议，想弄清楚西徐亚人送来如此奇怪的礼物究竟什么意思。不过，他们却没有找到一个令所有人满意的统一答案。当时，大流士说："箭矢应该象征着西徐亚人将放下手中武器投降，而这三种动物应该代指着自然界的土地、空气和水吧，也就是说，西徐亚人准备投降，并承认我对他们的主宰权了。"

但是，大流士的大部分部下却不认同大流士的说法，因为从他们看到的迹象来看，西徐亚人根本没有任何投降的打算。相对来说，他们更觉得送礼之人是想示威，

第九章 西徐亚大撤退

而不是和解和投降。沉默了一会儿之后,其中一人站出来说道:"陛下,我觉得西徐亚人的礼物可能是这个意思:除非我军能够像鸟儿一样飞上去,或者像老鼠一样钻到地下去,亦或者像青蛙一样躲入沼泽湖泊之中,否则的话,我军根本不可能躲过西徐亚人的攻击——也就是他们射来的箭矢。"②

虽然大流士与一众将领无法判断这两个相互矛盾的解释究竟哪个正确,但是,很快地,他们便发现,大流

图为公元前四世纪的西徐亚人的黄金饰品,两名搭弓射箭的西徐亚战士,出土于克里米亚半岛

---

② 从下文可以看出,大流士的大军正是因为进入沼泽,才免去了全军覆没的危险。——编者注

士的解释是说不通的，因为就在他们收到礼物后不久，西徐亚人便出现在了波斯大军面前，并且他们严阵以待的样子已经表明了，他们准备与波斯人正面决战一场。

　　西徐亚人觉得，两个月的约定期限即将到达，那么，按照约定，守卫浮桥的爱奥尼亚人应该已经撤离浮桥了吧。而且，与此同时，他们已经确定了大流士的波斯大军已经被他们削弱到一定的地步了，现在，他们的粮草已经开始不济了，而他们的后路也即将被断。另外，他们更确定，对面的大流士也渴望早点结束此战，毕竟从一开始，大流士便希望与他们进行正面的交锋。

　　西徐亚人在波斯大军的营地不远处安营扎寨，两个营地之间是片树木稀疏的平原。之后的几日，双方都在紧锣密鼓地准备着，似乎都想一战定乾坤。然而，某日，大流士突然发现对面西徐亚人的大营变得混乱起来。大流士看到，成群结队的西徐亚士兵在平原上大喊大叫地奔跑起来，有些人甚至撞到了一起。不过，从他们的状态来看，波斯人能够感觉到，西徐亚人有这个表现，不是因为他们正处于愤怒或恐惧的状态，而是因为他们遇到了什么让他们高兴的事情。大流士和所有的波斯人都特别疑惑，因此，他们便错过了这个发动攻击的大好时机。后来，好奇的大流士想知道西徐亚人到底怎么了，

第九章 西徐亚大撤退

于是，他便派一个使者去他们那里打探消息。使者回来报告说："西徐亚人正在抓捕一只突然出现的野兔，之前，一只野兔突然从灌木丛中跳了出来，于是，西徐亚人的大多数将领和士兵便离开自己的阵位，跑去抓野兔了。而我们看到的混乱，便是他们急速奔跑导致的，而我们听到的声音，便是他们的笑声。"

得知这件事情之后，大流士便笑道："野蛮人就是野蛮人，居然敢在大战前夕忘记可能存在的危险，因为一只野兔便擅离职守。"

当天晚上，大流士接到消息说，西徐亚人一支小分队出现在他们的后方，靠近多瑙河的地方，大流士和帐下所有的将领心中一紧，都担心自己的后路被抄。接着，大流士更是得知他们的粮草开始短缺，而且最近再次变得无法从西徐亚人那里缴获物资了。结合今天早上西徐亚人的表现，他们觉得西徐亚人一定是想把他们聚歼于此，因为自信，西徐亚人才下意识地做出了擅离职守的行为。经过讨论，他们达成了一致：在粮草不济的情况下，在后路有可能被断的情况下，在敌人可能早有准备的情况，已经身心俱疲、士气衰弱的我军很难取胜。因此，当前最明智的选择便是撤军——放弃决战，秘密从西徐亚撤离。最终，大流士也同意了这个建议，于是，波斯的将领们便开始着手准备秘密撤军一事。

首先，大流士命手下众将对自己的部队进行筛选，挑选出了军中的伤病和身体瘦弱等战斗力不强的人；接着，大流士命这些人留守营寨，为了避免他们起疑心，大流士还说他将率领主力部队去执行任务。另外，在走之前，大流士命他们点起了大量火把，这样一来，他们便能营造出一种大营之中依然驻满了大军的假象；还有，他还命那些人把营寨中的毛驴绑在一起，让它们不断地发出叫声。就这样，火光和毛驴的叫声成功地瞒过了西徐亚人，为大流士争取了一个晚上的时间。

午夜时分，大流士率领着远征军的主力——筛选之后留下的所有身强力壮的士兵，悄悄地离开了大营，向着多瑙河的方向逃去。至于那些留守营寨的伤兵和身体羸弱之人，便成了大流士的弃卒了。天亮之后，留守大营的士兵们也意识他们被抛弃了，于是，他们立刻发出信号，引来了西徐亚人，而西徐亚人一到，他们便立刻投降了。也就是在那时，西徐亚人才发现他们被骗了，因为昨晚的火光和驴子的叫声，他们都以为大流士依然在大营之中，谁能想到，一夜之间，大流士便率领着波斯大军的主力溜了。

发现被骗之后，愤怒的西徐亚人立刻兵分两路，一

出土于今罗马尼亚的银币,上面的人物是西徐亚人,一个是骑兵,一个是弓箭手

路留守大营，接受波斯残军的投降；一路立刻出发，追赶波斯大军。不过，他们并没有沿着波斯大军撤退的路线追赶，而是抄了一条近道，这样一来，他们便可以提前赶到多瑙河拦截逃跑的波斯人。另外，因为波斯人不熟悉当地的地形，结果，他们误入了一片沼泽，被困了好久。除此之外，他们还遭遇了其他困难，严重耽误了整体的撤退速度。因为这两方的情况，所以西徐亚人早早地便赶到了多瑙河边。

然而，来到多瑙河边后，西徐亚人发现，尽管两个月的约定期限早已过去多时了，但是爱奥尼亚人依然守卫着浮桥。当时，西徐亚人想：可能是他们爱奥尼亚人的首领接到了大流士的密令了吧，大流士在密令中命他们继续留守，这样一来，即使大流士留下的绳子已经解开了全部的绳结，他们也不能撤离；又或者是因为他们的忠心，所以他们选择继续留守在这里，等待着大流士率军归来。于是，西徐亚人便催促他们赶紧离开，他们说："你们与大流士约定的时间已经到了，现在，你们已经没有义务再留守在这里等待大流士和他的大军了。回去吧，回到你们的故乡去，去争取自由和独立去吧。如果我们能够在此歼灭大流士的远征军，击杀大流士的话，你们便可以轻松地取得独立和自由了。"

第九章　西徐亚大撤退

听到西徐亚人的提议之后，心有疑惑的爱奥尼亚人首领们聚集在了一起，商议他们到底该怎么做。最后，他们达成了如下共识：第一，我们绝不会同意西徐亚人的提议；第二，鉴于我们的实力无法对抗他们，所以，我们可以假意答应他们的要求，不给他们攻击我们的理由。因此，他们明面上答应了西徐亚人的建议，为了迷惑他们，爱奥尼亚人还拆除了一部分浮桥——即靠近西徐亚人所在河岸的那一段。

看到爱奥尼亚人开始拆除浮桥后，西徐亚人便离开了河岸，转身去阻击即将到来的波斯军队去了。不过，大流士率领的波斯军队很幸运，因为他们与迎面而来的西徐亚人擦肩而过。因此，逃过一劫的大流士与波斯大军终于在某天晚上抵达了多瑙河，而当时，西徐亚人已经距多瑙河的河岸很远了。

但是，来到多瑙河之后，波斯大军却没有发现浮桥，于是，以为爱奥尼亚人早都离开的他们便开始在岸边大喊大叫。当时，这支波斯军队中有一个埃及人，他最著名的便是他的嗓门了。幸亏有他，幸好有他的大嗓门，多瑙河对岸的爱奥尼亚人听到了他的喊声，发现了他们的动静。于是，在河对岸等待的爱奥尼亚人立刻划着船，来到了这边的岸边，开始重新搭建之前拆掉的那部分浮桥。很快地，浮桥再次搭建完毕，于是，大流士带回的波斯军队再次跨过了多瑙河。不过，与上一次的意气风发不同，这次过河的全是失败者。顺利渡过多瑙河后，大流士又率军通过了色雷斯，到达了博斯普鲁斯海峡。再次渡过博斯普鲁斯海峡，从欧洲回到亚洲之后，大流士的西徐亚远征便宣告结束了。

希斯提艾奥斯的故事

精彩看点

爱奥尼亚人的首领希斯提艾奥斯——大流士的焦虑——大流士表达感谢的方式——大流士的承诺——回到萨迪斯——希斯提艾奥斯的请求——殖民——帕昂人的故事——帕昂少女——大流士的决定——帕昂人被灭族——麦加比苏的发现——麦加比苏的建议——大流士的做法——阿塔弗尼斯——纳克索斯岛——内战与外敌的征服——阿里斯塔格拉斯的计划——阿塔弗尼斯的做法——远征军出发——令出多门的大忌——两个舰队统帅的矛盾——从中作梗的麦加巴特——远征失败——几乎倾家荡产的阿里斯塔格拉斯——准备起义的阿里斯塔格拉斯——希斯提艾奥斯的密信——希斯提艾奥斯在苏萨城的情况——米利都起义——起义失败——希斯提艾奥斯之死

第十章　希斯提艾奥斯的故事

希斯提艾奥斯是爱奥尼亚人的首领，从上一章中，我们已经了解到，大流士远征西徐亚人时，正是爱奥尼亚人的海军在多瑙河上搭建起了浮桥；大流士的大军渡过多瑙河之后，爱奥尼亚人更是奉命留守浮桥。当时，大流士与希斯提艾奥斯的约定是："我命你率领你们爱奥尼亚人在此守卫两个月的时间，两个月之后，你们可以自由选择离开。"

后来，当失败的大流士率军返回多瑙河边时，他其实是非常焦虑的，因为他知道他与希斯提艾奥斯约定的两月之期早已过去。而当他们真的抵达多瑙河边，看到浮桥已经被拆除，眼前只有滔滔江水时，大流士的内心是绝望的。现在，前有大河阻路，后有强兵追赶，可以说他的大军已经到了生死存亡的危急时刻了，而他本人也陷入了极端危险的境地。

　　由此,我们可以想象,在那种情况下,当波斯人在黑夜里听到河对岸的回应时,当大流士得知希斯提艾奥斯依然带领着爱奥尼亚人忠诚地坚守在自己的岗位上时,当所有人意识到他们死里逃生时,他们的内心会是多么的激动啊!

　　虽然大流士行事没有固定的章法,但不可否认的是,他一向慷慨大方。因此,如果别人做的事很合他的意的话,他便会不吝赏赐。不过,有时候,他的方式有点与众不同,比如他赏给那个希腊医生迪莫塞迪斯的金镣铐。当时,大流士便对希斯提艾奥斯承诺道:"希斯提艾奥斯啊,我非常感谢你的忠诚,因此,当我们的大军安全返回波斯之后,我会重重地奖赏你的。"

　　大流士从西徐亚人的领地撤退时撤退得很干脆,除了被当作弃子的士兵外,他率领着全部的波斯大军渡过了多瑙河。之后,他并没有把所有的波斯人带过博斯普鲁斯海峡,带回亚洲。当时,为了控制色雷斯及其周边地区,大流士命麦加比苏统率着一部分军队驻扎在了那里。做完这个安排后,他才率领其余的士兵回到了波斯,回到了萨迪斯。萨迪斯是波斯帝国中数一数二的大城市,因此,回到萨迪斯后,大流士总算安心了。于是,他便

第十章 希斯提艾奥斯的故事

开始准备兑现自己之前的承诺。他命人请来了希斯提艾奥斯和其他在这次远征中的有功之人,亲口询问他们想要什么赏赐。

希斯提艾奥斯回答道:"陛下,总体而言,我非常满意现在的情况,不过,如果您真要赏赐的话,我斗胆向您提出如下请求:我希望您能在色雷斯,或者在靠接斯特鲁马河河口、介于色雷斯和马其顿之间边界的地方,选出一小片土地,将它赏赐给我,我想在那里建一座城市。"当时,希斯提艾奥斯是米利都[①]的统治者,米利都位于爱琴海边,在萨迪斯以南,是爱奥尼亚人修筑的一座城市。

大流士觉得希斯提艾奥斯的这个请求合情合理,于是,他便毫不犹豫地答应了。但是,当时的大流士并没有意识到,他所赏赐给希斯提艾奥斯的这块土地属于麦加比苏的管辖范围,而且是他之前授命麦加比苏管辖的。无疑,这件事极有可能会导致麦加比苏和希斯提艾奥斯的冲突。另外,麦加比苏是波斯人,而希斯提艾奥斯是希腊人,种族的不同,也在一定程度上影响了他们二人

---

① 米利都历史悠久,当时它是爱奥尼亚十二城邦之一,拥有强大的海军。同时,米利都也是爱奥尼亚的文化中心。一般认为,米利都起义是希波战争的导火索。——译者注

的关系。

希斯提艾奥斯的目的是想在那里建立一座城市,进行殖民。② 为了做好这件事,他放下了米利都的事务,将其下放给他手下的一些人,然后,他亲自赶到了那里,主持城市的修建事宜。虽然希斯提艾奥斯得到的那块土地在麦加比苏的管辖范围之内,但是,其实那里距麦加比苏所驻扎的地方很遥远,可以说,如果不是因为接下来的一些事情,麦加比苏可能在很长的一段时间里,都不会注意到希斯提艾奥斯筑城一事。

但是,就在此时,发生了这么一件事:帕昂人是居住在斯特鲁马河河谷地带的一个部族,因为斯特鲁马河的入海口便在希斯提艾奥斯筑城的地方附近,所以,帕昂人生活的地方距希斯提艾奥斯筑城的地方也很近。当时,帕昂人中有两个首领,他们是一对亲兄弟。虽然这两兄弟的实力半斤八两,但是,他们两人都野心勃勃地想独掌大权。为此,在自身力量不足以吞并对手的情况下,他们两人几乎不约而同地制定出了一个计划,一个将自己的部族出卖给大流士的卑鄙计划。他们的计划是

---

② 古希腊人因为希腊半岛的地理环境等原因,很早就开始了对外殖民,早在公元前 8 世纪,古希腊人就在爱奥尼亚和色雷斯建立了殖民地,米利都便是殖民活动最积极的城邦之一。大多数情况下,古希腊人海外殖民的动机是为了建立与巩固对外贸易,进而增加母邦的财富。——译者注

一幅雕版画,米利都城的一处遗址

引诱大流士来征服他们,这样的话,他们部族在丧失一部分人口的同时,对手的实力便会被削弱,那时,依然保留着实力的那个人便可以轻松地取得优势。

为了引起大流士的注意,让大流士看到他们部族的人是多么优秀、多么有价值的奴隶,引诱大流士按照他们的意愿行事,向他们的同胞发动战争,他们使出了美人计。这对兄弟还有一个非常漂亮的妹妹,于是,他们便带着她赶到了萨迪斯,并精心地给她打扮了一番,将

帕昂人使用的货币,上面的人物是一个帕昂人。现藏于德国柏林古希腊钱币博物馆

第十章 希斯提艾奥斯的故事

她装扮成仆人的模样。接着,他们终于等到了大流士出现在公共场合的机会,于是,他们便让他们那打扮成仆人模样的妹妹从大流士面前走过去。当时,为了展现她的勤劳贤惠,他们给她安排了一架马车,马车上放着装水的罐子,而且,他们还把马儿的缰绳缠绕在她的胳膊上,这样一来,她的双手便能解放出来,在驾驭马车的同时进行纺线的工作。

一瞬间,大流士的目光便被眼前这个美丽、勤劳的少女吸引住了,于是,他命一个手下跟着她,看她要到哪里去。大流士的这个手下跟着这个少女来到了河边,看到她解开缠绕在胳膊上的缰绳,让马儿去饮水,同时,她放下了手中的纺线工作,拿起了马车上的罐子,来到河边打水。打完水之后,她把水罐放回马车,再次把缰绳绕在胳膊上,然后,再次开始纺线,并且赶着马儿原路返回。最后,她再次出现在了大流士的面前。

当他的手下返回并报告了自己所看到的情况之后,大流士更加感兴趣了,于是,他命人叫住了那个少女,并把她带到自己面前。当少女来到大流士的面前时,一直在附近观察整个过程的那两人——她的两个哥哥,帕昂人的两个首领——也跟着走了过去。大流士问道:"你们是什么人?"他们回答说:"我们是帕昂人。"大流士又问道:"你们生活在哪里?"他们回答说:"我们就住在斯特鲁马河的岸边,靠近色雷斯。"大流士最后问道:"你们部族的女子都像她那么聪明能干、美丽可人吗?"那两人做了肯定的答复。于是,大流士当即决定把这个部族的人变成奴隶。

于是,大流士立刻派一名使者渡过了达达尼尔海峡,赶到了麦加比苏设在色雷斯的营地,将他的命令传到了麦加比苏,命他立刻率军征服帕昂人,尽可能多地抓捕俘虏,并将俘虏全部押送到萨迪斯。

帕昂人使用的货币,上面是帕昂人战斗的场景。现藏于德国柏林古希腊钱币博物馆

第十章 希斯提艾奥斯的故事

当时,虽然麦加比苏根本不清楚大流士命他征服的帕昂人是个什么情况,但是,他还是找了几个色雷斯向导,在他们的带领下,麦加比苏的大军顺利地找到了帕昂人生活的地方。得知波斯人来攻时,一些帕昂人准备自卫,另一些则立刻逃到了深山里。但是,无论是试图反抗的,还是试图逃跑的,最终都被波斯人俘虏了。最后,帕昂人几乎被麦加比苏灭族,那两个目光短浅、引狼入室的首领也变成了奴隶。

取得胜利后,麦加比苏聚拢起了俘虏,将他们押到了附近的海岸边,准备通过海路,将他们送到萨迪斯。也就是在此时,他才发现希斯提艾奥斯正在此地修筑城市,他才了解到了希斯提艾奥斯准备在此殖民的计划。当时,他看到希斯提艾奥斯为了保卫城市,已经命人修筑起了一面城墙,而海边则来往穿梭着各种船只——这一切都表明希斯提艾奥斯的筑城计划正顺利而迅速地进行着。

当时,麦加比苏并没有干扰希斯提艾奥斯的筑城工作,但是,当他押送俘虏到达萨迪斯后,他立即求见了大流士,他对大流士说道:"陛下,希斯提艾奥斯正在您赏给他的土地上修建城市,如果您任由他完成这座城市的话,我们波斯的利益便会受到损害。我从那里经过的时候，希斯提艾奥斯正在修筑城墙，一旦他的城市修建完成，他一定会在那里筑起坚固的工事，控制周边海域。那里是一个非常理想的海军基地，因为那里不仅有优良的海港，还有充足的建造、装备、修理战舰的资源。另外，那里的山中发现了储量很大的银矿，能够为他提供巨额财富。这样一来，不出数年，他的实力便会暴增。您也知道，希腊人都追求自由，那么，当他发现自己的实力足够强大时，他便会发动叛乱反对您的统治的。更可怕的是，到时候，整个小亚细亚的希腊人都会跟随他一起叛乱的。"

大流士说道："既然那块土地是我赐予他的，那么，我也可以收回来。"但是，麦加比苏却建议道："陛下，我建议您最好不要公开地收回成命，也不要采取什么武力措施阻止希斯提艾奥斯，我觉得，您可以用别的方法，在不引起希斯提艾奥斯怀疑或不满的前提下，把他召到萨迪斯软禁起来。希斯提艾奥斯离开之后，他的筑城计划便不得不中止了。"

当希斯提艾奥斯到达萨迪斯后，大流士立刻表现出一副非常高兴的样子，然后，他对希斯提艾奥斯说："希斯提艾奥斯啊，你的忠诚有目共睹，我希望你能经常陪伴在我的左右，为我出谋划策，我很需要你这样一个睿

第十章 希斯提艾奥斯的故事

智和值得信赖的顾问。我现在要起驾回苏萨城了,我希望你能放下米利都的统治权,放弃正在色雷斯修建的城市,随我一起去苏萨城。你放心吧,到了苏萨城,我会给你更高的荣誉和地位的,到时候,你可以住在我的王宫中,享受奢华、舒适的生活。"

听完大流士的话后,希斯提艾奥斯非常后悔,他意识到自己被大流士骗了。但是,形势比人强,当时,他不得不小心地掩饰起自己内心的愤怒,表现出一副恭敬的样子。于是,他回答说:"陛下,我完全服从您的安排。"之后,在将米利都的大权交给了自己的侄子阿里斯塔格拉斯后,他便随着大流士前往了波斯的首都。

不过,大流士在离开前命阿塔弗尼斯统管整个小亚细亚沿海的所有行省,这样一来,他便有权调动沿海行省的所有船只和大流士在临近海域上的其他海军了,而且他还有节制阿里斯塔格拉斯的权力。不过,虽然阿塔弗尼斯是波斯人,阿里斯塔格拉斯是希腊人,但是他们两人的关系非常好。

就在大流士离开小亚细亚之后不久,位于爱琴海的纳克索斯岛——该岛位于爱琴海南部,处于小亚细亚和希腊的中点位置——发生了内乱。当时,岛上的希腊平民与希腊贵族发生了武装冲突,最终,贵族失败,不得不逃离该岛,其中一部分人逃到了米利都。在米利都登陆之后,他们找到了阿里斯塔格拉斯,寻求他的帮助,请他帮忙夺回岛屿。

阿里斯塔格拉斯回答道:"如果我有这个能力的话,我一定会帮助你们的。但是,现在整个沿海地区的波斯军队,无论是海军还是步兵,都由阿塔弗尼斯统帅。不过,我和阿塔弗尼斯的关系不错,如果你们纳克索斯人愿意的话,我可以去找一下他,看看他是否愿意帮助你们。"纳克索斯人非常感激阿里斯塔格拉斯,说他们愿意委托阿里斯塔格拉斯全权负责此事。

但是,实际上,阿里斯塔格拉斯是包藏祸心的,他并不想真正地帮助纳克索斯人,而是想把纳克索斯岛与周边岛屿纳入他的统治范围。当他听到纳克索斯岛的情况时,他便意识到这是一个将纳克索斯岛收入囊中的好机会了,因为征服一个国家或地区的最好机会,便是它发生内乱,而且内斗的双方还势均力敌时。古往今来,这样的事情重复上演,当一个国家因内乱而实力下降后,野心勃勃、心怀不轨的邻居会借助内斗失败者的名义强行干预这个国家的内政,或者以武力征服这个已经因内战而实力大损的国家。阿里斯塔格拉斯的想法也是如此,因此,他对阿塔弗尼斯建议道:"这是一个将爱琴海的

18世纪的一幅雕版版画，描绘了古希腊时期的纳克索斯岛

希腊岛屿纳入波斯统治范围的绝好时机,一旦我们控制了纳克索斯岛,那么它周边的岛屿便唾手可得了。而且,我只需要一支由100艘战舰组成的舰队便可以完成这个目标。"

虽然阿塔弗尼斯非常赞同他这个计划,而且还承诺说他将提供200艘战舰,但是,他还说道:"因为此事关系重大,所以我认为,我必须先上报大流士陛下。另外,在我看来,春天才是开战的最佳时机。"于是,他立刻派使者将这件事报告给了大流士,并请大流士允许这个计划;与此同时,他还提前做好了一切准备:这样一来,当大流士同意的命令传来后,当开始行动的最佳时节到来时,他们就可以马上行动了。

阿塔弗尼斯的猜测是对的,大流士不仅同意了这个计划,还命他全权主持实施这个计划。于是,阿塔弗尼斯立刻命舰队准备出发。不过,为了避免打草惊蛇,让纳克索斯人知道了即将被攻击的事情——当然了,也是为了出其不意地打他们一个措手不及,所以他严密控制着消息,不让过多的人知道这支舰队的真正目的。

最后,阿塔弗尼斯命波斯将领麦加巴特为这支波斯舰队的统帅,又命阿里斯塔格拉斯随军出征,指挥这支舰队。他的这个安排真是糟糕极了,因为他给这支舰队

第十章 希斯提艾奥斯的故事

安排了两个统帅,而令出多门是兵家大忌。

舰队从米利都起航之后,为了迷惑纳克索斯人,免得他们得到消息后做好防御的准备,他们放出消息说这支舰队的目的地是达达尼尔海峡。因此,舰队起航后便一直向北航行,做出一副真的要去达达尼尔海峡的样子。但是,当舰队开出海岸一段距离之后,舰队统帅命令士兵们抓住有利时机,乘着一股北风掉转船头,突然朝着纳克索斯岛驶去。当他们到达希俄斯岛对面时,舰队统帅便让舰队靠岸待命。一旦风向改变,舰队统帅便会下令起航。

就在舰队停驻在希俄斯岛时,麦加巴特专门巡视了一遍舰队。但是,当他来到一艘战舰上时,却发现这艘战舰空无一人,船长和船员居然玩忽职守,本该坚守自己岗位的他们全部弃船登岸了。发现下属如此玩忽职守,麦加巴特非常恼火,于是,他派人去找这艘战舰的舰长塞克拉克斯。当塞克拉克斯被带回来后,麦加巴特便命人把他的头塞进一个放置船桨的小孔里,然后命人将他绑在那里,麦加巴特说:"塞克拉克斯,现在每个人都可以看到你了,我要用这种方式让你坚守岗位。"

来自西尼德斯小镇的塞克拉克斯是阿里斯塔格拉斯的好朋友,因此,当阿里斯塔格拉斯看到朋友受到如此严厉、如此耻辱的惩罚时,他便私下里找到了麦加巴特,希望他能饶过塞克拉克斯,并且,为了给麦加巴特一个台阶下,他还专门为塞克拉克斯找了一个不在船上的理由——这个理由可以给所有人一个交代,但是,麦加巴特却拒绝了阿里斯塔格拉斯的请求。

恼羞成怒的阿里斯塔格拉斯说道:"麦加巴特,你别以为你是舰队的统帅便可以用这种方式横行霸道,我要让你懂得,我才是这支舰队的真正统帅,阿塔弗尼斯让你担任这支舰队的统帅,并不是让你凌驾于我之上。"说完,他便拂袖而去,并亲手为塞克拉克斯松绑。

麦加巴特也非常生气,于是,他决定破坏阿里斯塔格拉斯入侵纳克索斯岛的计划。因此,他悄悄地派出了一个使者,命他通知纳克索斯人说敌人来了。接到消息后,纳克索斯人立即开始为抵御敌人做准备。结果,当舰队到达时,纳克索斯岛已经做好了准备。见此情况,无计可施的阿里斯塔格拉斯只能率军围住了纳克索斯岛,准备围困到他们投降。但是,因为麦加巴特一直或明或暗地阻挠着阿里斯塔格拉斯的计划,所以,四个月的时间里,阿里斯塔格拉斯的围攻没有取得任何进展。最后,计划失败的阿里斯塔格拉斯不得不无功而返。不仅如此,当他的一切希望都化为泡影后,他发现,他的

第十章 希斯提艾奥斯的故事

财产也损耗殆尽了。他之前非常的自信，相信自己必然能顺利取得纳克索斯岛，并从中获得丰厚回报，所以，为了准备这次远征，他几乎倾尽家财。

阿里斯塔格拉斯既生自己的气，也非常痛恨麦加巴特和阿塔弗尼斯。他认为，麦加巴特肯定会通过阿塔弗尼斯向大流士说自己的坏话，把远征失败的责任推到自己头上。而在听信了这两个波斯人的一面之词后，大流士很有可能会毫不犹豫地处死自己这个希腊人。于是，他开始策划发动反对波斯的起义——他想鼓动起波斯境内的所有希腊人，号召他们一起反对大流士。他觉得，虽然这样做几乎是九死一生，但这也比坐以待毙强多了。而就在他策划着如何做这些事情时，他接到了希斯提艾奥斯的密信。在此，为了将此事说清楚，我们不得不先说说在苏萨城的希斯提艾奥斯了。

虽然希斯提艾奥斯在苏萨城享受着高官厚禄，过着奢华的生活，但是他却非常不安。的确，他在苏萨城中地位尊贵，生活舒适、奢侈，但是他渴望独立，渴望手握权力，他非常想回到小亚细亚，重掌大权。为了达到这个目的，他不断地思考着各种各样的计划，最后，他决定让阿里斯塔格拉斯在爱奥尼亚起义，这样一来，他就可以劝说大流士，让大流士派他去镇压叛乱。一旦回到小亚细亚，他就会加入起义军，反对大流士。于是，希斯提艾奥斯以既安全又隐秘的方式，给阿里斯塔格拉斯送去了一封密信，在信中，他简明扼要地交待了他的计划。

收到这封信时，阿里斯塔格拉斯已经有了起兵的心思，收到密信后，他立刻召集了军队，公开起义了。当阿里斯塔格拉斯反叛的消息传到苏萨城后，希斯提艾奥斯摆出一副非常愤怒的样子，他恳请大流士让他带兵去平定叛乱。他说："我有信心立刻平定叛乱！"

刚开始的时候，大流士还怀疑阿里斯塔格拉斯的叛乱与希斯提艾奥斯有关联，但是，在看到希斯提艾奥斯的行为，听到他这义正辞严的声明后，大流士的疑虑被打消了，于是，他允许了希斯提艾奥斯的请求，派他去米利都镇压叛乱。不过，他也说道："希斯提艾奥斯，平定了叛乱后，我希望你能够立刻赶回苏萨城啊。"

到达爱奥尼亚后，希斯提艾奥斯便加入了阿里斯塔格拉斯的起义之中，他们两人还向希腊的各个城邦求助。最终，在雅典的支持下，这次起义的范围迅速扩大，给大流士的波斯帝国造成了严重的威胁。因为篇幅所限，我很难在此讲述此次战争的具体细节，如果读者真的有兴趣的话，可以去阅读一下希罗多德的记载。不过，大

第十章 希斯提艾奥斯的故事

流士得知希斯提艾奥斯也造反之后,迅速地调兵镇压,最终,因为寡不敌众,希斯提艾奥斯的起义军节节败退,城镇逐一沦陷。

后来,在战场上,当一个波斯士兵高举着武器,向着希斯提艾奥斯追赶而来时,已经濒临崩溃的希斯提艾奥斯大喊道:"我是米利都人希斯提艾奥斯。" 听到这句话之后,那个波斯士兵停止了砍杀的动作,将他抓了起来,交给了阿塔弗尼斯。来到阿塔弗尼斯面前后,

陶制品上的波斯士兵。现藏于雅典国立考古博物馆

希斯提艾奥斯苦苦地哀求道:"阿塔弗尼斯,把我活着送到大流士面前吧,我想,因为我在多瑙河的行为,大流士应该会饶我一命吧。"但是,这正是阿塔弗尼斯所不希望看到的,所以,就在萨迪斯,阿塔弗尼斯杀害了他。当时,他将希斯提艾奥斯钉死在了十字架上,之后,他又砍下了希斯提艾奥斯的头颅,并将他这个用盐处理过的头颅呈送到了大流士面前。

马拉松之战

精彩看点

大战役——马拉松——大流士的愤怒——希波战争战前的情况——雅典的僭主希腊的内战——大流士发兵——雅典的应对——时间紧急——卡利马什召开军事会议——关键的一票——米提亚德的话——下定决心的卡利马什——波斯军的情况——波斯步兵——波斯人的武器装备——波斯人的战术——波斯人的弓箭——波斯的骑兵——雅典和希腊的情况——雅典的重装步兵——雅典人的武器装备——交战双方武器装备的对比——雅典的战术——希腊方阵——训练有素的雅典士兵——双方的战术对比——雅典人的统帅米提亚德——米提亚德的计划——普拉提亚的援军——冲锋的雅典士兵——轻敌的波斯步兵——激战——勇敢的波斯骑兵——败局已定的波斯人——撤退的波斯人——宜将剩勇追穷寇——英雄冢——传令兵费里皮德斯——姗姗来迟的斯巴达援军——雅典人感谢雪中送炭的普拉提亚人——成为希腊精神支柱的马拉松——拜伦的诗

第十一章 马拉松之战

在战争史上，总有一些伟大的战役使其他战役黯然失色，因为这些战役在重要性和闻名程度上远远大于后者。对汉尼拔而言，这个伟大的战役便是坎尼会战，对亚历山大而言，这个经典的战役便是阿贝拉会战，对凯撒而言，这个伟大的战役便是法萨卢斯战役，而对拿破仑而言，滑铁卢之战最为有名。从某种程度上来说，大流士的滑铁卢便是马拉松之战。

马拉松是位于雅典城北约42公里处的一个美丽平原，公元前490年，希腊与波斯在此爆发了马拉松之战。因为场面之宏大，战绩之卓著，也因为传令兵的故事，马拉松被后人广为传颂。

虽然野心勃勃的大流士早就想远征希腊了，但真正引发这场长达五十年希波战争的，还是爱奥尼亚人的叛乱。在米利都人起义时，雅典曾经派兵援助了他们。当时，希腊起义军曾经攻占了波斯的萨迪斯城。得知萨迪斯城陷落敌手的消息后，大流士暴跳如雷，从此，他便记住了雅典城邦。后来，爱奥尼亚人的起义被镇压下去之后，大流士为了避免自己忘记雅典人带来的耻辱，他便安排了一个奴隶，他给这个奴隶的命令是："每天，当我坐在桌边的时候，你就要对我喊'陛下，您忘记雅典人了吗？'"

其实，在开战前，情况是有利于大流士的波斯帝国的，因为希腊的诸多城邦并不是一个整体，虽然有些城邦结成了区域联盟，但是，有些城邦之间还是处于相互敌对的状态，另外，诸多城邦内部也是矛盾重重，支持君主制与支持民主制的人一直在不断地竞争着。

当时，平民常常反抗僭主的统治，因为那些僭主为了自己的利益，用极为残酷与专制的手段，来行使他们的权力。比如说，希腊最糟糕、最不顾后果的僭主是雅典的希庇亚斯，他的父亲皮西斯特拉妥便是僭主，此人心狠手辣，在统治雅典时期，做下了许多坏事。他死后，他的两个儿子希庇亚斯和希帕克斯成为雅典的僭主。后来，一些人密谋杀死希庇亚斯和希帕克斯，但是，因为一个意外，让希庇亚斯侥幸逃脱了。于是，为了报复那

雅典位于巴尔干半岛南端,是世界上最古老的城市之一。图为雅典的一处遗址。爱德华·多德韦尔(1767—1832)绘于1821年

些人，他开始大肆杀戮。之前的一个密谋者在被抓住之后，为了削弱希庇亚斯的势力，便指认说希庇亚斯的最好的朋友是他的同谋，想让他亲手杀掉自己的支持者。已经处于暴怒状态的希庇亚斯落入了圈套，他不仅杀死了那些谋杀他的人，还处死了自己手下那些被诬陷的人。如果有人想为自己辩白的话，他便命人严刑拷打，直到他们承认自己的罪行为止。因为他这种为所欲为的残酷行为，所有的雅典公民都开始反对他。这些雅典公民组织起来，发动了一次起义，成功地驱逐了希庇亚斯。被赶出雅典的希庇亚斯居然逃到了波斯，逃往了萨迪斯，投奔了阿塔弗尼斯。后来，他更是主动请缨，愿为波斯大军的向导，帮助他们攻打希腊。不过，他也提出了自己的条件：波斯成功地征服了希腊之后，他希望能成为雅典总督。阿塔弗尼斯向大流士汇报了希庇亚斯开出的条件，大流士答应了这些条件。

而就在大流士准备出征的时候，希腊的雅典和埃伊纳岛上的城邦爆发了战争，这更加有利于波斯了。两个城邦之间的战争持续了很长时间，并且随着时间的流逝，双方的伤亡人数在不断增加，同时增加的还有双方的仇恨。

就在这种情况下，大流士出兵了，不过这次，他并

第十一章 马拉松之战

没有御驾亲征，而是任命达蒂斯为远征军统帅，统率着来自波斯与小亚细亚诸行省的骑兵、步兵和海军等，从苏萨城出发，从海路向希腊逼近。一路上，波斯的庞大舰队逼降了沿途的各个岛屿，有些妄图反抗的岛屿更是被无情地毁灭。就这样，这支舰队缓缓地逼近了雅典，进入了埃维厄岛与雅典北部陆地之间的海峡。在那里，波斯人登岛劫掠了一番，之后，他们便驾驶着战舰靠近了雅典的港口，准备登陆。

与此同时，已经得知波斯大兵压境的雅典人虽慌不乱。首先，他们立刻开始征召士兵，组织起了一支大约万人的军队，并将其部署在雅典城的北部；第二，他们星夜派出使者去向斯巴达求援。

虽然斯巴达同意援助雅典，但是时间不等人，因为波斯人已经开始在雅典附近的马拉松登陆了。当时，600艘波斯战舰把马拉松平原之前的月牙形的海湾挤得水泄不通，而岸上也已经屯驻了先期登陆的3万波斯士兵，并且，波斯的战舰和运输船还在往来不断地穿梭，源源不断地把波斯的士兵、军械、给养等运到马拉松。

当时，雅典大军的营地处于紧靠马拉松平原的一座山顶上，居高临下的雅典人在那里可以俯视整个平原，看到波斯人的一举一动。当时的情况是，雅典兵少，暂时不敢轻举妄动；而波斯也没有立即发动进攻的意思，因为时间拖得越久，对他们越有利。

对峙了一段时间之后，雅典人已经意识到了自己所处的不利情况，从政治角度来看，时间并不站在雅典人一边。从外部来说，因为几年前被驱逐的希庇亚斯投奔了波斯，他不但向波斯人献上了完整的希腊地图，还积极为波斯远征军出谋划策，马拉松平原这个登陆地点就是希庇亚斯选定的。从内部来说，并不是所有的雅典人都有坚强的意志，许多人慑于波斯帝国的军威，已经沦为内奸了，比如说，虽然通向马拉松的航道曲折艰险，但是，波斯大军前进的过程中，不时地有人在岸上用青铜盾牌反射阳光，为波斯舰队指引航向。可以说，雅典军队在马拉松和波斯大军对峙的时间越长，雅典的政治局势就会变得越复杂，而投降派的颠覆阴谋就越有可能得逞。

于是，当时的雅典军政长官卡利马什召开了会议，要求大家投票，决定是否立刻同波斯人决战。最终，投票的结果是五比五平，也就是说，雅典军事委员会中的十名将军中，有一半的人支持立刻开战，另一半的人则反对立刻开战。这时，卡利马什的一票将决定雅典的命运了。卡利马什并没有马上做出决定，而是走出了大帐，

马拉松战场。麦卡勒姆·安德鲁（1821—1902）绘于1874年

站在山坡上，遥望人喧马嘶的波斯大营。正当卡利马什犹豫不决的时候，十将军之一的米提亚德走过去，对他说道："现在整个雅典的命运就握在你的手上，你必须决定，我们是甘愿被波斯人奴役，还是奋起抗争，为雅典赢得自由，也为你赢得千古不朽的名声。如果我们不立刻与敌决战，波斯军队会越来越强大，而雅典的投降派也会越来越嚣张。我坚信，雅典健儿强过波斯人百倍，胜利一定属于我们！"米提亚德的一席话打消了卡利马什的顾虑，于是，卡利马什终于下定了决心，投出了赞成票。

开战前，波斯人的军队已经聚集到十万之众了，而且是一支装备完整，兵种齐全的大军。根据希罗多德的记载，我们可以了解到波斯军队的如下情况：

波斯军队以步兵为主，步兵皆头戴一顶软帽，身穿色彩鲜艳、做工考究的宽袖长袍和长裤。而且波斯步兵方阵也相当特别，这种方阵一般是十行纵深，每一个纵列皆为一个基本战术单位"十人队"。在这个十人队中，队长站在最前列，一手持一面长方形盾牌，一手拿一支约两米长的长矛，上身披着轻便的鳞片甲；在他的身后，有九名步兵，这九人每人装备一副弓箭和一柄弯刀，一般不被甲。

米提亚德的雕像

一组墙面浮雕,两名全副武装的波斯士兵。出自波斯古都苏萨

第十一章 马拉松之战

战斗时,队长负责抵挡敌人步兵或骑兵的冲击,而身后的九名弓箭手则以密集的齐射杀伤敌军——其中,第二排的弓箭手可以从队长的身旁直射敌人,而之后的八人则是对空放箭,射角由前到后逐渐抬高至45度,这样一来,他们便可以在阵前三百米以内构成弓箭的火力覆盖。当敌人被波斯人的箭雨大量杀伤,溃不成军之时,波斯步兵就开始冲锋,冲锋时,他们将弓收入箭囊,拔出弯刀,冲入敌阵近身格斗。

在这里,我有必要着重说一下波斯人的箭雨,据说,波斯人的弓箭齐射时遮天蔽日,对敌人有相当强的威摄力。据记载,温泉关战役时,斯巴达将领迪埃尼斯面对波斯军队的弓箭齐射时,曾风趣地说:"波斯人放的箭遮住了太阳,正好让我们在阴凉下作战。"不过,此时的波斯大军装备的大部分是普通的直木弓,而且箭矢的箭头也是一种三棱宽刃箭镞——它是青铜质地的,带有倒钩,杀伤力强大,但穿透力不足。而穿透力不足这个缺点却成了波斯人的致命点,因为雅典的重装步兵尽皆身披重甲,波斯人的箭雨根本不能对他们构成足够的威胁。

另外,再提一下波斯的骑兵,在《居鲁士大帝》一书中,我说过当时的波斯骑兵并不强,即使到了大流士时期，波斯的骑兵也主要是在学习游牧民族的游击战术，在战斗时，波斯骑兵一般会迂回到敌人的侧后方发起攻击，而杀敌的主要武器也是弓箭，只要等到敌人阵形散乱时，他们才会排成密集队形冲击敌人。

我们再来看一下雅典方面的情况，当时，整个雅典的青壮公民不足3万——当时整个希腊的可用之兵不足10万，也就是说，整个希腊联合起来的大军也不如波斯此次的远征军多。不过，前面我们也提到了，雅典的优势在于他的主力是重装步兵。雅典的重装步兵皆头戴青

彩陶上的希腊重装步兵

第十一章 马拉松之战

铜打造的头盔、胸甲和肩甲,鳞片甲则保护着他们身躯的其他部位,他们的武器则为一支长约三米的矛,此外,他们还有一把长约60厘米的短剑作为辅助武器,而且他们的盾牌也是一种有一层青铜蒙皮的碟形圆盾,圆盾的直径约为一米。

现在,我们可以先对比一下交战双方的武器装备了,在主要武器方面,波斯十人队的队长持有一支长约两米的矛,十人队中的士兵则持有直木弓和带倒钩的青铜箭镞,以及近战用的弯刀;而雅典人的武器则为一支长约三米的矛,和一把长约60厘米的短剑。从上面的对比中,我们便可以发现,雅典人的长矛要比波斯人的矛长一米左右,正所谓一寸长、一寸强,后面我们将了解到,这个长一米的优势。

再看防护的装备,波斯十人队的队长上身披有轻便的鳞片甲,而十人队的士兵基本不着甲,也就是说,波斯人的步兵多为轻装步兵,而雅典人呢,他们是重装步兵,皆头戴青铜头盔、胸甲和肩甲,身着鳞片甲。通过比较,我们可以看出,雅典人的防御要远远大于波斯人的防御。

我觉得我还有必要说一下雅典人的战术,雅典使用的是著名的希腊长矛密集阵战术,即希腊方阵,在战斗

手握长矛的希腊重装步兵

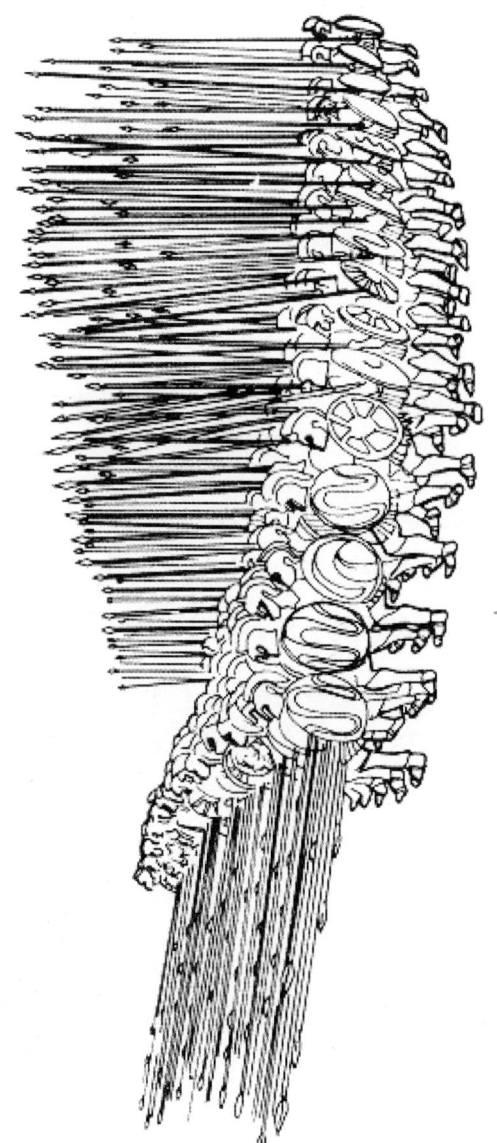

希腊方阵

时，他们组成密集的方阵，方阵通常有八行纵深，前四排士兵持矛水平向前，后排的长矛叠在前排长矛之上，而后四排则将矛竖立。这样的密集阵战术对士兵的身体素质和战术素养要求非常高，一个全副武装的步兵需要负重四十公斤，进行长距离的奔跑和高强度的冲刺，而且，希腊方阵还要求士兵们必须在任何情况下保持队形紧密，步调一致，这需要长时间的队列训练才能达到，而在马拉松迎敌的雅典重装兵正是这样一支训练有素的军队。

  现在，我们再来对比一下双方的战术，根据希罗多德的记载，我们可以发现波斯步兵方阵的主要杀伤武器是弓箭，而雅典人的重甲步兵偏偏不惧波斯人那种穿透力不强的弓箭；雅典人的主要杀伤武器是长矛，而且他们的长矛还比波斯人的长了一米左右，更糟糕的是，波斯人的步兵是轻装步兵，很难防御雅典人的长矛刺击。可以说，希腊的密集阵战术正好是波斯步兵方阵的克星，而且，希波战争的多次战役也准确无误地证明了这一点。不过，虽然希腊方阵在正面锐不可当，但是，它的侧面却比较薄弱，往往需要散兵或骑兵在两翼掩护。

  马拉松之战中，统率雅典军队的是米提亚德。米提亚德所在的家族为雅典最古老的家族之一，并且，他的

第十一章 马拉松之战

祖父还曾取得过色雷斯的某个小国切索尼的宗主权，因此，米提亚德既是雅典公民，又是切索尼的王子。之前，在大流士远征西徐亚人的时候，米提亚德率领的人也被任命为守卫多瑙河浮桥的守军。后来，当西徐亚人赶到浮桥边上时，米提亚德便提议拆除浮桥，断绝波斯大军的后路，将大流士和波斯大军困在多瑙河对岸，让他们自生自灭，要么死于西徐亚人的马蹄之下，要么死于饥饿。但是，这个建议最终没有通过，而当大流士安然返回波斯，得知了此事之后，便命人通缉米提亚德，不得已之下，他不得不逃回雅典。而回到雅典之后，他便主导收复了两座位于爱琴海上的岛屿——这两个岛屿本属于雅典，但是已经沦陷于敌手多年了。于是，崇敬英雄的雅典人立刻将他选为雅典十将军之一。后来，当雅典公民驱逐了僭主希庇亚斯，建立了民主制之后，米提亚德的政敌开始指控他在切索尼搞独裁统治，欺压人民。虽然这个指控证据确凿，但是崇拜英雄的雅典人还是原谅了他。

因为米提亚德曾经参加过波斯的军事行动，所以他非常了解波斯军队的组织和优劣，他知道，波斯军队虽然人多势众，但他们中的大多数都是被胁迫参战的行省士兵，士气低落，协同作战的能力差，局势危急时往往会丧失斗志,溃不成军。

所以,当米提亚德众望所归地被推选为最高统帅时,他便立即拿出了自己制定的决战计划。为了使雅典的阵线不被波斯骑兵从两翼迂回,米提亚德决定不惜削弱中央方阵的力量,将雅典阵线向两侧延伸,使两边的泥沼地成为天然屏障。如果这样部署的话,雅典的步兵方阵便变成了如下情况:中军只有四行纵深,而两翼仍然保持八行的厚度。

在这里,我还要插叙一句,正当雅典军队准备下山列阵时,一支援军突然赶来了。这支出乎所有人预料的援军来自希腊的某个小城邦普拉提亚,原来,多年之前,雅典曾经帮助他们打退了邻国的侵略,所以,得知雅典有难后,一直记得雅典恩德的普拉提亚立刻征召起了全

希腊军与波斯军在马拉松平原展开激战。出自19世纪一本书籍中的插图

第十一章 马拉松之战

城邦的可战之兵，全军来援。虽然普拉提亚援军只有一千人，但是，他们的到来还是极大地鼓舞了雅典人的士气。

雅典步兵列阵完毕以后，米提亚德立刻下令冲锋，这时，雅典军队距离波斯阵线还有大约 1500 米。通常情况下，希腊密集方阵总是先稳步前进到敌军弓箭射程以内，然后才开始高速冲锋。但是，为了打波斯人一个措手不及，不给他们足够的时间组织和调度，列阵完毕之后，米提亚德就命令士兵跑步前进，然后逐渐加快速度，距敌 300 米时全速冲刺。雅典重装步兵表现出了极高的训练水平，他们背负着沉重的武器装备，一路奔跑而阵形丝毫不乱。

波斯人在看到兵力悬殊、且没有骑兵掩护的雅典步

兵远远地冲过来时,就好象看到了一群扑火的飞蛾在自取灭亡一般。不过,虽然波斯人已经本能地轻视了雅典人,但是,波斯步兵依然严阵以待,等到雅典人冲到300米的距离时,他们便开始齐射。可是,虽然波斯人射出的箭矢密如飞蝗,一波接一波地落在高速奔跑的雅典方阵之上,但是,穿透力不足的箭矢如同雨打芭蕉一般落在雅典步兵的盔甲和盾牌上,然后纷纷弹开,难以对他们造成重大伤害。

前面我们也说了,米提亚德命士兵们在距敌300米时全速冲刺,因此,波斯人刚刚射出几波箭矢,雅典步兵便已经冲到近前了。接阵之后,希腊方阵密集如林的长矛立刻刺了出去,在一片震耳欲聋的金属碰撞声中,两支军队激烈地战斗起来。奔跑的速度,加上雅典人全力的一刺,第一次冲锋,波斯人便损失惨重。而正如米提亚德所料的那样,波斯人两翼的盾牌防线根本承受不住希腊密集阵的猛烈冲击。

为了给后面的十人队士兵足够的空间弯弓射箭,波斯方阵的队形要比希腊方阵疏松许多,这样一来,波斯的步兵方阵上,每一个持盾的队长必须要承受希腊两个纵列、十六名步兵的合力冲击。在如此猛烈的撞击下,波斯的盾牌防线瞬间崩溃,很多人被雅典人的三米长矛

希腊军与波斯军激战。沃尔特·克兰(1845—1915)绘于十九世纪末

连人带盾一起刺穿。前排的波斯队长们力战以后,几乎全部阵亡,十人队的队长阵亡之后,他们身后那未着甲的士兵便暴露在了雅典人的长矛之前。虽然失去盾牌保护的波斯步兵们毫不畏惧地拔出弯刀上前格斗,三五成群地用弯刀拨开雅典人的长矛,企图靠近肉搏,与此同时,他们后面的步兵仍然在坚持不懈地放箭。但是,雅典人的密集阵中,前四排的长矛重叠向前,波斯人即使能拨开第一排长矛,也很难躲过接踵而来的后三排长矛的攒刺。虽然波斯步兵前仆后继地浴血奋战,但他们始终无法靠近希腊密集方阵。

就在双方步兵激烈地交战之时,波斯骑兵正在努力地往雅典阵线的侧后方迂回,但是,雅典人方阵的两翼几乎是紧贴着平原两边的泥沼地,因此,波斯骑兵根本没有机动的空间。无奈之下,他们只好以密集队形冲击雅典人的方阵,但是,波斯的骑兵也如同步兵一样缺少盔甲的保护,因此,那些勇敢的波斯骑兵也如同轻装步兵一般,纷纷倒在希腊方阵的长矛之下。

面对雅典人无坚不摧的凌厉攻势,波斯士兵的战斗意志开始动摇。波斯人的中军是由身经百战的波斯老兵组成的,他们的战斗力相当强劲,而攻击他们的雅典中军又只有四行纵列,冲击力不足,因此,中军的战局便

第十一章 马拉松之战

胶着起来。甚至,波斯步兵曾一度突破了雅典人的阵线,迫使雅典的中军集体后撤以保持完整队形。但是,慢慢地,波斯军的两翼已呈溃逃之势,于是,雅典军的两翼便开始向波斯中军包抄过来,准备夹击波斯的中军,而后退的雅典中军也乘机杀了回来。可以说,战到此时,波斯是败局已定了。

波斯主帅达蒂斯见大势已去,便下令撤退。听到撤退的命令后,波斯士兵立刻放弃阵地,拼命地往海边的波斯战舰逃去。雅典士兵在后面紧追不舍,不断地用长矛刺杀落后的波斯士兵。追到海边后,雅典人依然没有停止,而是分散开来,开始攻击停泊在岸边的波斯战舰,企图将其付之一炬。在逃生欲望的驱使下,波斯士兵拼命反抗,给雅典人造成了很大的损失,可以说,在本次战役中,雅典人的伤亡大多发生在这里。最终,在损失七艘战舰以后,波斯人的大部队终于安全撤退了。

战后,整个马拉松平原尸横遍野,波斯人丢下了大约6000具尸体——雅典人在打扫战场的时候,在其中发现了希庇阿斯的尸体;胜利的雅典人清点了一下人数,发现他们阵亡了192人,不过这192人中包括他们的军政长官卡利马什,和十将军中的两位将军。他们将阵亡同胞的尸体放在一起,直接在战场上火化了他们，之后，他们在那里堆起了一个巨大的土堆，将其做成了英雄的坟墓。直到现在，那个英雄冢依然存在于马拉松平原。

战争胜利之后，雅典人立刻派传令兵费里皮德斯赶回雅典报捷，接受命令之后，费里皮德斯立刻出发，一口气跑完了从战场马拉松平原到雅典这段 40 多公里的路程。回到雅典之后，费里皮德斯大喊道："欢呼吧，庆祝吧，雅典人，我们胜利了！"说完这句话之后，他便累倒在地，再也没有起来①。

战后，斯巴达的 2000 援军才赶到战场。赶到战场之后，斯巴达人的援军专门列队绕行了战场一周，亲眼见证了雅典人的战果——马拉松平原上尸横遍野的波斯人，见到这种场景之后，一贯自傲的斯巴达士兵也惊叹不已，赞叹雅典人的勇武与他们取得的辉煌胜利。正所谓患难见真情，战后，为了感谢雪中送炭的普拉提亚人，雅典授予了全体普拉提亚人雅典公民资格。

马拉松战役是人类历史上最著名的战役之一，即使是那些最反战的人也会折服在雅典人临机决断的决心、以少胜多的勇气。此战之后，马拉松平原依然眺望着大

---

① 1896 年，第一届奥运会在雅典举行，当时为了纪念马拉松之战和费里皮德斯，专门设立了一个长跑运动，并将之命名为"马拉松"。——译者注

马拉松之战胜利后,传令兵费里皮德斯赶回雅典报捷,一口气跑完从马拉松战场到雅典40多公里的路程,当他喊出"欢呼吧,庆祝吧,雅典人,我们胜利了"这句话时,累倒在地,再也没有站起来。图为费里皮德斯赶回雅典报捷后倒地身亡的场景。卢克·奥利维尔·默森(1846—1920)绘于1869年

大流士大帝

海,它背后的山脉依然矗立在平原的边缘,但是,此战之后,马拉松便有了特别的意义,马拉松的英雄冢一直存在,并成为雅典人和希腊人的精神支柱。每次,当希腊人遇到难以克服的危机和困难时,他们都会遥望马拉松的方向,都会想起马拉松平原上的英雄冢,都会回想起前辈们的勇敢无畏,之后,他们便会再此鼓起勇气、满怀信心地直面困难。

拜伦②曾在诗中写道:"高高的山峰俯瞰着马拉松,马拉松眺望着大海;默默地驻足于此,我梦想着希腊依然自由自在;因为,站在波斯人的坟墓上,我无法将自己想象为一个奴隶。"

---

② 拜伦是英国浪漫主义文学的杰出代表,代表作为《唐璜》。他一生为民主、自由、民族解放的理想而斗争,1823年初,希腊反抗奥斯曼土耳其、争取独立的斗争如火如荼。拜伦放下《唐璜》的创作,毅然前往希腊,参加希腊志士争取自由、独立的武装斗争,并最终埋骨希腊。——译者注

大流士之死

精彩看点

撤退的波斯人——严阵以待的希腊人——回到波斯的达蒂斯——告一段落的希波战争——马拉松之战的英雄的米提亚德——米提亚德的野心——米提亚德进攻帕罗斯岛——惨败的米提亚德——米提亚德失败的原因——震惊的雅典——愤怒的雅典人——米提亚德的凄惨结局——高昂的罚金——战胜的责任——米提亚德唯一的慰藉——大流士的马拉松，拿破仑的滑铁卢——大流士准备再征希腊——大流士决定御驾亲征——征召大军——指定王位继承人——阿托巴赞和薛西斯——阿托巴赞的理由——薛西斯的理由——继承外祖父国家的传统——薛西斯高贵的血统——大流士决定由薛西斯继承自己的王位——出征——意气风发的大流士——大流士驾崩——薛西斯即位——子承父业——影响人类历史的军事行动——伟大的大流士——大流士的战马

第十二章 大流士之死

败于马拉松之后,波斯军队成功地撤出了战场,但波斯大军的统帅达蒂斯并不想撤军,因为他不敢想象,惨败的他会面临大流士怎样的惩罚。他也不敢在此登陆,重新发起攻击。后来,波斯舰队沿着阿提卡沿岸行使,虽然他们的向导希庇阿斯战死沙场了,但是,他们依然可以勉强地辨认海路。来到苏尼昂海角后,波斯人发现岸边的雅典人和赶来支援的斯巴达人正在严阵以待,随时准备与他们一战。因此,虽然达蒂斯害怕大流士会震怒,会惩罚他,但是,他更害怕再一次的失败,所以,他便直接率领波斯人撤军了。

虽然波斯人在马拉松败给了雅典人,但是,在此之前,他们已经夺得了许多原本属于希腊的岛屿,征服了许多希腊城邦,因此,严格意义上来说,波斯人并不算失败。只不过，此次远征之前，大流士最大的希望便是征服他所痛恨的雅典，而他的这个目标却完全失败了。不过，无论如何，达蒂斯还是率领着波斯大军一路辗转，回到了波斯。达蒂斯是幸运的，因为当他返回波斯时，大流士的心情不错，不仅没有惩罚他，还很人性化地处理了他在此战中获得的俘虏。

就这样，雅典人在马拉松之战击败了波斯大军之后，希波战争终于告一段落了，此次，希腊人，尤其是雅典人，取得了反抗波斯侵略的辉煌胜利。因此，在讲述波斯和大流士的情况前，我想先讲一下米提亚德——率领雅典人取得辉煌胜利的统帅的故事。

战前，米提亚德是雅典十将军之一，与其他几人的地位相当；战后，因为辉煌的胜利，因为他在马拉松战役中的高超指挥，因为他在战前的果决，所以其他人都甘拜下风，他便成了十将军之中当之无愧的第一人。波斯人撤退后，米提亚德的威望达到了顶点，但是，依然不满足的他决定继续发动战争，这次，他瞄准的是帕罗斯岛。帕罗斯岛位于爱琴海南部，它呈椭圆形，长约十二英里，岛上土地肥沃，植被茂盛。在米提亚德时期，帕罗斯岛人口众多，非常富有，这些人大多集中在岛屿西部沿海地区的城市帕罗斯城中。

第十二章 大流士之死

米提亚德认为,在波斯人入侵的时候,投降于波斯人的帕罗斯岛助纣为虐了,所以,他便以此为借口发动了战争。他想征服该岛,然后以罚金的形式,向那里的人征收重税。但是,出人意料的是,在这次战争中,米提亚德失败了,而且他本人还受了重伤。不过,他的失败也是能够理解的:首先,在马拉松之战中,他的目的是抵御侵略,而在此战中,他却扮演了侵略者的角色;第二,发现雅典人来攻之后,帕罗斯人进行了坚决的抵抗,一如马拉松之战的雅典人;第三,为了抵御雅典人,帕罗斯人加固了自己的防御工事,甚至组织人马,一夜之间便修筑了一面城墙,也就是说,在此战中,雅典人所做的是攻城战,而不是之前马拉松平原上的野战;第四,在马拉松之战中,米提亚德的对手是波斯人,波斯人勇则勇矣,但是他们的组织性并不如雅典人,而在此战中,他所面对的帕罗斯人和雅典人一样团结一致、纪律严明。总的来说,在马拉松,在希腊人眼中,米提亚德是正义的化身,是抵御外辱的英雄;而在帕罗斯岛上,米提亚德则是肆意发动内战的罪魁祸首。

米提亚德失败的消息传回雅典后,几乎所有的雅典人都震惊了。他们简直不敢相信,一个刚刚率领他们击退外敌、取得辉煌胜利的英雄,居然会失败。震惊之后,便是愤怒，所谓爱之深、责之切，便是如此吧。而且，就在此时，嫉妒米提亚德的小人和他的政敌立刻活跃起来，他们提议将米提亚德以叛国罪论处，而且这个提议很快便通过了。不过，雅典的法律规定，被告人有权在判决前做最后一次自辩，因此，身负重伤的米提亚德被人抬进议会。昔日的英雄如今躺在担架上，潦倒不堪地乞求众人宽大处理，或许是人们再次想起了米提亚德的不朽功勋——因为雅典人为纪念马拉松之战而专门雕刻的米提亚德大理石雕像就竖立在门外，也许是因为他潦倒、可怜的样子激起了众人的怜悯，最后，人们免除了他的死罪，但是让他缴纳一笔高昂的罚金——这笔罚金的数量大于此前雅典远征帕罗斯的所有花费。雅典人认为，造成这笔损失的罪魁祸首便是米提亚德，如果不是他提议攻打帕罗斯的话，他们也不会有此损失。

几个月后，因为重伤，也因为伤心，米提亚德去世了，此时，距马拉松之战胜利还不到一年。不过，在去世前，唯一值得欣慰的便是，他的儿子西蒙一直陪在他的身边：西蒙不仅竭尽全力地保护着他，一边照顾重伤的他，一边为他奔走、辩护，更是东拼西凑，帮他缴清了罚款。

说完米提亚德的悲伤故事之后，让我们继续大流士

米提亚德之死。让·弗朗索瓦·皮埃尔·佩龙(1744—1814)绘于1782年

的故事吧。虽然大流士如同拿破仑遭遇滑铁卢一般遭遇了马拉松,但是,他想征服希腊人的野心并没有因此而消退,反而随着失败、随着时间而越来越强烈。所以,他决定再征希腊,而且,这一次,他决定御驾亲征。他觉得自己是这个世界上最伟大的君主,所以要准备一支配得上自己的军队,一支比之前的希腊远征军更加强大的军队。

因此,他向他统治下的所有行省以及附属于波斯的各个国家和民族下达了命令,命他们征召士兵、征集战马、建造船只、准备粮草等东西,并于指定时间,到指定地点集合,在他的率领下,再征希腊。后来,当万事俱备之后,他便决定出发了。

不过,在出发前,他觉得他有必要先确定自己的王位继承人。首先,因为波斯的法律规定,国王在离开国都之前,必须指定监国摄政的人选;第二,现在,他膝下的几个儿子都已经长大成人了,如果他在此战中出了意外的话,他们几个人可能会为争夺王位而爆发内战,那样的话,他的波斯帝国很有可能会分崩离析。

大流士的几个儿子中,有两个人明确表达说他应该继承父亲的王位,这两个人分别是阿托巴赞和薛西斯。阿托巴赞出生于大流士登基之前,是他的长子,他的母

第十二章 大流士之死

亲是大流士成为国王之前娶的妻子。而薛西斯则出生于大流士登基之后,而且他的母亲便是居鲁士大帝的女儿,大流士大帝的王后,我们前面提过的阿托莎。阿托巴赞宣称说:"我是父王的长子,因此,我有权继承父王的王位。"而薛西斯则坚持说:"我的大哥阿托巴赞啊,首先,你出生时,父王还不是波斯帝国的国王,那么,你只有继承父王之前家业的继承权,而没有继承父王王位的继承权。第二,我,薛西斯,是父王登基之后的第一个儿子,也就是严格意义上的王长子,因此,我才有继承父王王位的权力。第三,我,薛西斯,是波斯国王大流士大帝与王后阿托莎的儿子,是波斯帝国的缔造者居鲁士大帝的外孙,既然我的外祖父可以继承他的外祖父的国家[①],那么,我也自然可以,也应该是理所当然地继承我的外祖父的国家。我高贵的血统,注定了波斯王位的继承者,只能是我,波斯帝国缔造者的权力,应该由我来世袭。"

最终,大流士决定由薛西斯继承他的王位,准备好这一切之后,他便率军出发了。在出发时,大流士意气

[①] 此处所指的是居鲁士大帝征服米底的事情,居鲁士的母亲芒达妮是米底国王阿斯提阿格斯的女儿,因此,居鲁士大帝便是米底国王阿斯提阿格斯的外孙。后来,居鲁士大帝征服了米底王国。——译者注

风发,他为自己的宏伟计划而骄傲,他畅想着征服希腊之后的喜悦。然而,他并没有亲手实施这个计划,因为,就在远征途中,他突发疾病,死在了路上。

大流士驾崩之后,他的儿子薛西斯顺利地继承了波斯的王位。子承父业的薛西斯也继承了他父亲大流士大帝组织好的大军,并开始野心勃勃地继续他父亲的计划。在《薛西斯大帝》一书中,我将详细地讲述这次战争。这场战争,因为参与的人数之多,行军路程之遥远,耗费之巨大,以及结局影响之深远,被评为影响人类历史的军事行动之一。

大流士的伟大是他地位的伟大,而不是他品德的伟大,这是他不如居鲁士大帝的地方。但是,他继承了居鲁士大帝的伟业,铲除篡位者,登基为王,一年之内,发动十八次战役,平定各地此起彼伏的叛乱,维护了波斯帝国的统一;此后,他又创立行省制度,进行改革,使得波斯帝国的国力蒸蒸日上;最后,征服印度之后,他便成了半个世界的绝对统治者:因此,他受万众瞩目。因为高度,世人如同仰望山巅一般,带着强烈的崇拜和敬畏之情,仰望那些位高权重的人。亚历山大、汉尼拔、凯撒、阿尔弗雷德、拿破仑等人,是因为他们的赫赫战功而被世人崇拜,而大流士,则是因为前面所说的原因,

大流士之死。乔瓦尼·巴蒂斯塔·皮亚泽塔(1682—1754)绘于1746年

大流士大帝

即他身居高位,几乎统治半个世界,而被世人敬仰。或许,人们还会崇拜大流士的那匹战马,因为正是它的嘶叫,大流士才得以顺利地登上王位。

附录
专有名词汉英对照

大卫	David
押沙龙	Absalom
希律王	Herod
冈比西斯	Cambyses
居鲁士大帝	Cyrus the Great
司美尔迪斯	Smerdis
希斯塔斯帕	Hystaspes
大流士	Darius
卡桑达妮	Cassandane
法涅斯	Phanes
萨摩尼特斯	Psammenitus
埃皮斯	Apis
波斯帝国	Persian monarchy
阿拉斯河	Araxes
托米丽斯	Tomyris
雅赫摩斯	Amasis
奈特提斯	Nitetis
阿普瑞斯	Apries

卡桑达妮	Cassandane
撒哈拉沙漠	Sahara
苏萨城	Susa
法涅斯	Phanes
萨摩尼特斯	Psammenitus
尼罗河	Nile
孟斐斯	Memphis
克罗伊斯	Croesus
埃塞俄比亚	Ethiopia
普列克撒司佩斯	Prexaspes
穆护	Magian
象岛	Island of Elephantine
伊克图欧法基人	Icthyophagi
埃克巴坦那	Ecbatane
叙利亚	Syria
阿托莎	Atossa
薛西斯	Xerxes
帕提兹特斯	Patizithes
加利利	Galilee
帕蒂玛	Phaedyma
奥坦尼	Otanes
古巴鲁	Gobryas
麦加比苏	Megabyzus
寡头政治	oligarchy
沃比思	Oebases
因塔弗尼兹	Intaphernes
帕米思	Parmys
欧瑞特斯	Oretes

附录 专有名词汉英对照

麦特洛巴特	Mitrobates
波利克拉特	Polycrates
巴格斯	Bagaeus
萨迪斯	Sardis
萨摩斯	Samos
爱琴海	Aegean Sea
迪莫塞迪斯	Democedes
埃伊纳岛	Aeina
西顿城	City of Sidon
塔伦特姆	Tarentum
克罗托纳	Crotona
塞勒斯	Cillus
西徐亚人	Scythians
雅庇吉亚	Iapygia
巴比伦城	City of Babylon
佐皮洛斯	Zopyrus
叙罗松	Syloson
尼布甲尼撒	Nebuchadnezzar
西徐亚	Scythia
阿塔巴鲁斯	Artabanus
奥巴祖斯	Oebazus
小亚细亚	Asia Minor
博斯普鲁斯海峡	Bosporus
芒德洛克列斯	Mandrocles
库阿尼恩群岛	Cyanean Islands
多瑙河	Danube
阿塔巴鲁斯	Artabanus
卡尔西登	Chalcedon

奥巴祖斯	Oebazus
色雷斯	Thrace
爱奥尼亚	Ionia
黑海	the Black Seas
铁阿罗斯河	The River Tearus
英达塞苏斯	Indathyrsus
希斯提艾奥斯	Histiaeus
帕昂人	Pæonians
阿塔弗尼斯	Artaphernes
阿里斯塔格拉斯	Aristagoras
纳克索斯岛	Island of Naxos
米利都	Miletus
斯特鲁马河	Strymon
麦加巴特	Megabates
达达尼尔海峡	Hellespont
希俄斯岛	Chios
塞克拉克斯	Syclax
西尼德斯	Cnydus
汉尼拔	Hannibal
坎尼	Cannæ
亚历山大	Alexander
阿贝拉	Arbela
凯撒	Cæsar
法萨卢斯	Pharsalia
拿破仑	Napoleon
马拉松	Marathon
希庇亚斯	Hippias
皮西斯特拉妥	Pisistratus

附录 专有名词汉英对照

希帕克斯	Hipparchus
达蒂斯	Datis
埃维厄岛	Euboea
卡利马什	Callimachus
步兵方阵	Sparabara
迪埃尼斯	Dieneces
重装步兵	Hoplite
密集阵	Phalanx
米提亚德	Miltiades
切索尼	Chersonese
普拉提亚	Plataea
费里皮德斯	Pheilippides
阿托巴赞	Artobazanes
阿提卡	Attica
苏尼昂	Sunium
帕罗斯岛	Paros
阿尔弗雷德	Alfred